U0920134

成长，最美的遇见

CHENGZHANG ZUIMEI DE YUJIAN

范慧凤◎著

青岛出版社
QINGDAO PUBLISHING HOUSE

目　录

序　言

范慧凤老师将其新著《成长,最美的遇见》寄于我,让我写几句话。我甫一打开,即被其内容深深吸引。这是一本跨越10多年、以教育日志的方式写就的精品。每一篇日志宛如一颗璀璨的珍珠;这些珍珠围绕不同主题而穿连起来,使整本书散发出晶莹剔透的思想之美。

这是一本智慧之书,记载了范慧凤老师工作之余,在家庭生活中教育女儿明月、儿子嘉嘉的故事。这是一本情感之书,描绘了范慧凤老师、宿文传校长伉俪与一双可爱儿女的亲情,并由此折射出夫妻之爱与姐弟之爱。在阅读过程中,我不仅受到智慧和情感的熏陶,而且被这样一个充满爱与美丽精神的幸福之家感动。深深祝福老友宿文传校长和范慧凤老师!

家庭教育在我国具有特殊的意义。我国是世界上唯一将“亲”与“师”合为一体并作为精神信仰的民族。早在2000多年前的汉朝,我国百姓就“集体无意识”地将“天地君亲师”置于厅堂之上,在日常生活中信仰与崇敬。由于亲师一体,因此父母双亲自然拥有了“替代教师”的角色,承担教育子女的职责;学校教师也拥有了“替代父母”的角色,让学校教育过程浸润浓浓的亲情。让学校既充满家庭般的自由,又洋溢实验室般的探究精神;让家庭充满教育精神,既有血缘亲情,又有智慧成长;让教师和家长在学生的成长过程中互相配合，由此使教育变为成长，成长变为“最美的遇见”。这应当成为我国学校和万千家庭孜孜以求的境界。

范慧凤老师所追求和践行的家庭教育或“母亲教育”的最大特点是：让父母对子女的教育建基于爱、尊重与理解之上。父母与子女之间首先是建立在人格尊重和个性自由基础上的平等交往关系。交往关系的建立过程就是家庭民主的形成过程。家庭生活中的重要事务由家庭成员共同参与的家庭会议决定，而这种决定又始终处于家庭之爱的浸润、包围中。本书中所有故事都深深体现这种家庭民主精神。一切“家长制”做法，无论是家长专制还是家长对子女的放纵溺爱，都被彻底根绝。

在平等交往的基础上，父母要学会理解孩子的特点和需求，对孩子的教育要建基于理解之上。父母不仅是子女的看护、养育者，还是子女的倾听者和研究者。本书记载了大量范慧凤老师、宿文传校长倾听、研究明月和嘉嘉的故事。2009 年 9 月 17 日，当嘉嘉 6 岁的时候，范老师晚上陪嘉嘉看书，书中有这样一道题：“把大、中、小 3 个苹果分别分给爷爷、爸爸和儿子，应该怎么分？”嘉嘉看完后，范老师问他：“如果是你，你要哪一个？”嘉嘉回答：“我要最小的。”“为什么？”范老师心中窃喜。“因为大的我吃不了。”嘉嘉答道。这时，范老师写道：

剩下的只有我暗自觉得好笑。

此时给他讲孔融让梨的故事吗？

我还是先尊重 6 岁儿子的真实心理吧。

范老师果断放弃对嘉嘉的道德说教，让他保持并发展儿童期的理解，而童年道德正是在这种儿童期的理解中自然生成。

2009 年 9 月 24 日，范老师带嘉嘉去打防疫针。打针之前，嘉嘉问道："这一针疼还是上一针疼？"范老师回答："你只有自己打完针后才能知道。"过了一会儿，嘉嘉又问同一个问题。范老师觉察嘉嘉有些害怕，就说："可能上一针疼吧。"由此安慰嘉嘉。打针时，医生让范老师夹住嘉嘉的腿，范老师故意大声说："不用，都这么大了，上几次都没有哭。"由此鼓励嘉嘉勇敢地面对疼痛。嘉嘉也表现出了男子汉气概，果然没有哭。这时，范老师问嘉嘉："这次疼还是上次疼？"嘉嘉说："这次疼！"范老师在这个故事中发现了一个重要话题，即时间与疼痛的关系。对儿童而言，打针永远是"这一次疼"。这则故事充满了"儿童哲学"的智慧。这种看似平常的对话既能鼓励儿童勇敢克服困难，又促进了儿童智慧的发展。

总之，这是一本用爱心和智慧写就的书。我从中获益良多。相信广大读者也会深受启发。

衷心祝愿明月、嘉嘉健康快乐，事业有成，生活幸福！

是为序。

张华

2019 年 11 月 2 日于西子湖畔

（序言作者系杭州师范大学教育科学研究院教授、国际课程研究促进会荣誉主席）

家庭教育:人生之基,教育之根

我和范慧凤老师素不相识,看了基层一位校长推荐给我的她的书稿,才在字里行间对范老师有了一个初步的认识。范老师是一位有心、用心的妈妈,在工作之余喜欢把养育孩子的经历及思考记录下来。

对于家庭教育,我有一个基本主张,就是家庭建设是第一位的。我认真地看了整篇书稿,真切地感受到:范老师一家人生活得真幸福!书中的每一段文字,不论长短,都有一个故事;每一帧图片,不论哭乐,都有一份感动。读着读着,就会让人忍俊不禁;看着看着,就会让人感慨不已……

是啊,岁月悠长,望着孩子渐长渐大、渐行渐远的背影,父母反复咀嚼的,唯有那些不曾也不会抹去的记忆。

意大利著名精神治疗师、哲学家皮耶罗·费鲁奇在《孩子是个哲学家》中写道:"养儿育女的工作不只是一份辛苦的付出,更是一场精神的探险。"①范老师作为一位母亲,对自己育儿经历的

---

①[意]皮耶罗·费鲁奇:《孩子是个哲学家》,上海社会科学院出版社,2016年版,扉页。

回望和对孩子成长经历的梳理,无异于是对自己长达20年母亲教育的系统反思和深刻总结,使初始的个人行为升华成为家庭教育思想经验的传播,实现了个体研究价值的社会化。范老师的这种坚持和研究精神很值得家长朋友们学习。

现在,范老师将这些看似平常、实则异常珍贵的文字整理出来,结集出版,在我看来是件很有意义的事情。这是一位妈妈留给孩子也是留给自己的一份礼物,弥足珍贵,无以替代。

对于家庭教育,我始终认为,和谐共生是其基本原理,夫妻关系、亲子关系、师生关系是家庭教育必须努力建设的三大关系。范老师把自家的小幸福分享出来,希望让更多的家庭演绎出一家人共同成长、其乐融融的大幸福。她的家庭故事让我们晓得:每个家庭都可以通过有意义的、积极向上的家庭生活和教育,让每个孩子绽放出生命的华彩。

为人父母者常常感叹于养儿育女的艰辛。其实作为父母,除了付出,更多的是享受孩子带给我们的欢乐与幸福,还有孩子带给我们的冲击、反思和成长。范老师"且行走,且记录,且反思,且成长"的家庭生活方式,对广大的家长朋友具有很好的启发意义。

随着年龄的增长,我们越来越明白:人生的意义不仅在于拼着命奔向远方的目标,更在于在奔跑的过程中享受生活本身所具有的乐趣。不论我们从哪里出发,别忘了"我们为什么出发"的初心。

善是人类最高的学问。家庭教育的意义,从根本上说,不仅仅在于督促孩子学出好成绩、考上好学校、找到好工作,更在于引领孩子穿越生活表象的层层浮尘,找到内心渴望的那束亮光,去打开眼界、打开胸襟,找到通向未来世界的那把"我心光明"的钥匙。

希望《成长,最美的遇见》的出版能让更多的家长分享到范老师的人生观、幸福观和育儿观,更加用心经营好自己的小家庭,做好孩子的第一任老师,帮助孩子"系好人生的第一粒扣子"。

家庭是孩子永恒的学校,父母是孩子永久的老师,家庭教育是人生之基、教育之根。我相信,随着社会文明的发展和家长朋友自身素养的不断提升,家庭教育将会发挥出更大的优势,与学校教育、社会教育相融合,形成强大的教育合力,让更多的家长和孩子幸福生活、快乐成长。

张志勇

2019 年 11 月 17 日于北京师范大学

朴素最美　幸福至上

——写在前面的话

工作之余，我总喜欢把生活、工作中，特别是养育孩子的过程中发生的事情记下来。因为我知道，再好的记忆力，时过境迁也难免会忘记一些事情，而图片和文字则可恒久留存，能留住那些看似简单实则珍贵的快乐和幸福。童年很纯粹，阳光下闪动着唯美；成长一瞬间，呼吸中跃动着情趣……

我乐此不疲，记录成长足迹，成就美好回忆。虽然笔法只是白描，思考不及皮表，但饭后茶余信手拈来，读着读着，就会笑展眉梢。那些为人父母的艰辛与甜蜜、疲惫与幸福搅在一起，酿成了一坛陈年老酒，日子愈久，愈发温润、醇厚、浓香。

我在文字中与孩子的糗事、乐事上百次地相遇，在文字中与孩子的开心、快乐上千次地重逢，在文字中反复咀嚼孩子带给自己的冲击，在不适中打破固有的确信，找到解决问题的亮光。在文字中见证自己和孩子的进步与成长，那感觉真的是妙不可言。

生活中所有的琐碎一经时光的过滤与折射,瞬间变成了满地的金子,使得温暖和幸福迎光四溅,伸手即可触得。

2017 年 11 月,我申报了山东省教育学会家庭教育专项课题“母亲教育的实践与探索”,后有幸被确立为省重点课题。课题的开展促使我多次回望、整理多年来记下的有关孩子们成长的只言片语。我意外地发现:过去留下的这些文字和图片,除了自娱自乐,还是我开展课题研究的第一手资料。同时,我更惊喜地发现:自己在这些文字中自觉或不自觉地进行着自我审视和反思,并和孩子一起在且错且改的跋涉中一点点成长起来。

2017 年 11 月 26 日,我创建了“母亲教育”QQ 群,并在群资料中写下:

“‘母亲’是一种亲属关系的称谓,是子女对双亲中女性一方的称呼。

“母亲教育指母亲对子女的教育、母亲的自我教育以及子女对母亲的文化反哺教育。”

我不知道这个定义是否科学。我理论基础较薄弱,只是凭借母性的初心和从母亲、生活、书本、培训中习来的母爱方式,深深浅浅地探索着“母亲教育”这个恒久的话题。

现在将自己近 20 年间记下的这些家庭琐事进行梳理、分类,基本原汁原味地搬出来,是基于:一是想将其作为“母亲教育的实践与探索”课题研究的材料呈现出来;二是给自己的家人留下一本可以寻找成长足迹、勾勒幸福回忆的载体;三是将我们的小幸福分享给其他的爸爸、妈妈以及成长中的孩子,希望普天下的爸爸、妈妈和孩子共同演绎出其乐融融、共同成长的大幸福；四是希望更多的家长和有识之士参与到母亲教育的讨论、实践与研究中来，对本书的观点予以指正和批评；五是希望从反馈的信息中了解家长，特别是妈妈们在育儿过程中遇到的困惑与问题。我想：虽然孩子的性格各不相同，但天下母亲的心是相通的，孩子的成长是有规律可循的，探究“母亲教育”的社会价值是巨大的。家长只有保持“教研相长，常研常新”的求证状态，才能实现教育理念的不断更新和与孩子共同成长的美好心愿。

2017 年 10 月 30 日，我与李镇西老师初次相遇。李老师送给我 8 个字：“朴素最美，幸福至上。”看到这 8 个字的一刹那，有一种感动掠过我的心头，因为这正是我孜孜追求的踏实人生。

我朴素地做着朴素的事儿，经营着自家的小幸福，率性地陪孩子嬉戏打闹，放肆地享受亲情，和孩子们一起在争执中牵手、在矛盾中言和、在问题中拔节、在陪伴中成长。

为娘方知娘辛苦。孩子从呱呱坠地时的第一声啼哭，到渐渐成长为“身心健康、怀揣善良、乐观向上”的阳光青年，一位妈妈到底要熬多少夜、到底要操多少心，没有人能说得清。但是，为父母者“衣带渐宽终不悔”。我深信：只有在家庭中被爱温暖过的灵魂，才能带着爱的温度去拥抱整个世界。所以，在一个个平常的日子里，我们巧用心思，将挚爱融入琐碎，把亲情渗进细节，在岁月的河床上沉淀下成长，让成长的节奏中充盈着温暖，使得一家人相亲相爱、相知相守、相扶相持，牵着手一起往前走。

苏霍姆林斯基认为，最完备的教育是学校与家庭的结合。当学校教育围绕分数而生存时,家庭教育就应该围绕育魂而发展。在“好成绩就是好学校、好工作、好人生”这一理念被很多人认可的背景下,作为家长,特别是妈妈,我常常拷问自己:“好成绩真的等于好人生吗?”答案是“也不尽然”。在我的理解中,好人生是幸福感丰盈的人生。所以,我秉承的家庭教育的意义在于带领孩子心怀“向善、向阳、向上”之念,阳光、快乐地过平常、平实的幸福人生。

我愿意修得高品质的母亲教育艺术,尊重孩子的天性,走进孩子的心灵,接纳孩子的缺点,因势利导,顺势而雕,在与孩子共情、同理的基础上,成为孩子人生路上的导师、伙伴和朋友,帮助孩子建立起“我与自我、我与他人、我与世界”愉悦相处的和谐关系,与孩子一起怀揣希望,放飞梦想。

我想,让幸福开花,在一路缤纷中遇见最美的成长,应该是母亲们守望家园的初心吧。

范慧凤

2019年10月16日于桃都

遇见女儿

人世间有一种情缘叫母女情深。女儿于我,无疑是美丽的天使,温暖了我的一生。值得欣慰的是,女儿长大后也把我当成无话不谈的暖心朋友。

遇见,是一次美丽的邂逅。从此,你中有我,我中有你,生命中有了相依相偎,生活中有了欢声笑语,梦乡里有了甜蜜的回忆。

幸福的模样

1 月 4 日是女儿的 12 岁生日。

眨眼之间,我家这个小女孩就长成了大姑娘。一米六三的大个子让我这当妈妈的瞬间成了“小矮人”。“小矮人”就“小矮人”吧,该妈妈做的还得“外甥打灯笼——照旧(舅)”。

之前,女儿天天算计着还有几天就过生日,盘算着生日要怎么过。我打趣道:“明月,俗话说‘孩生日,娘苦日’,你打算过生日时怎么回报妈妈?”

“我一定好好帮妈妈做事。”

“明月长大了。”她爹夸她。

我也喜形于色,赶紧问她:“为妈妈做什么?”

“把妈妈做的好吃的吃个精光!”

平日里,我常把自己比作“饲养员”,累并快乐着。看着一家人开开心心的样子,自己满心欢喜。现在,听着女儿的调侃,我这做妈妈的就是有气又怎能生得起来?

1 月 2 日,我去蛋糕店为女儿预订了生日蛋糕,特意嘱咐师傅做上 12 朵花和“明月生日快乐”的字样。

1 月 4 日,女儿看到生日蛋糕时,满心的欢喜溢于言表,脸上绽放着灿烂的笑容。

一家人忙着为女儿过生日,两个孩子乐疯了,收拾茶几、摆放蛋糕、插蜡烛、许愿……孩子他爹忙着安装相机支架,调整拍摄角度……那欢乐的氛围融化成一屋子的甜蜜。家,瞬间成了幸福的海洋。

有趣的是,两个孩子不满足于老爸、老妈拍摄的照片,琢磨来琢磨去,尝试着自己拍,在“做中学”的过程中一点点地摸索拍摄技巧,提高着审美水平。

看着快乐的孩子,享受着其乐融融的家庭氛围,我倍感幸福。

冰心说:“一个美好的家庭,乃是一切幸福和力量的根源。”何为幸福？不同的人有不同的解读方式，也有不同的体验和感受。在我，幸福很简单，就是一家人在一起，有说有笑，有人疼爱，快快乐乐，健健康康。我既不羡慕别人住洋房、别墅，也不嫉妒别人吃鲍鱼、海参，更不眼馋别人穿绫罗绸缎。我满足于在这多变的时代，守着一份不变的情感，陪着爱人一起变老，伴着孩子一起长大。我欢喜于在厨房里冒烟、餐桌上飘香、客厅里洒满欢笑的小屋里享受亲情，让生活在粗茶淡饭中慢慢生香。

这正是我所憧憬的家的样子，简单而温馨。

2011 年 1 月 17 日

为女儿的进步喝彩

家有小女初长成,真可谓操心多多,快乐多多!这不,女儿这几天又让我给她喝起彩来。

前段时间,女儿只要上网,就在QQ(一种即时通信软件)上跟她的那帮同学嘻嘻哈哈,没有正事儿。我不反对孩子上网,但不赞成孩子在网络中无谓地消耗时间和精力。于是,我鼓励她开通博客,将自己的作文放在博客上,可她对此没什么兴趣。如何才能激发孩子的兴趣,开启她写博客的内动力呢?

心理学研究表明:好奇心重、模仿性强是小学生的主要心理特点,而父母则是孩子模仿的主要对象,父母的行为会对孩子产生潜移默化的影响。这种影响不需要家长逼着孩子去模仿,只需要巧设情景,引导孩子就可以了。因此,没事时,我就走进自己的博客进行精心打理。女儿常常蹭过来看我的博文、评论等。果然,不长时间,女儿动心了,让我教她装点博客。过了几天,她把自己的作文放到日志中,还要我去"踩踩"、评论评论。我笑着对女儿说:"是不是要妈妈为你鼓掌,为你喝彩?"女儿倒是直言不讳:“妈妈聪明!”所以,我又多了一项任务,成了女儿每篇博文的忠实读者。说真的,我心里特别高兴。我想:多看、多写既可以开阔孩子的视野,又可以让孩子练笔,更重要的是能够让孩子静下心来梳理自己的思想。

这件事情让我更加坚信:孩子的成长需要喝彩,需要掌声,需要鼓励。

2011 年 2 月 6 日

后记:

心理学家奥苏贝尔曾提出:孩子的成就动机主要由 3 个方面的驱动力组成,即认知内驱力、自我提高内驱力和附属内驱力。小学阶段的孩子主要受附属内驱力影响。所谓附属内驱力,是指个人为了保持长者或权威的赞许或认可而表现出来的一种把学习或工作做好的需要。对于孩子来说,附属内驱力表现为孩子为了赢得家长、教师的认可或赞许而努力学习。所以,家长的喝彩与鼓励是孩子成长的动力。

女儿落选时

女儿对学校少先队副大队长一职情有独钟,从去年就开始竞选。

去年竞选大队委时,她参与竞选副大队长,结果当上了宣传委员。

今年她又报名竞选副大队长。看着她精心准备竞选演讲稿,我静观其变。

说心里话,我不希望女儿锋芒太露,过于张扬。我为她取名“明月”,就是希望她出落得像一轮皎洁的月亮,明亮而不刺眼,轻柔而不过于热烈;希望她长成一个贤淑达理、懂事内敛的女孩子。

竞选那天回家后,她有些不高兴,对我说她竞选时得了97.5分,×××得了97分,结果×××当上了副大队长,她当上了组织委员,这是因为×××的爸爸是本校的老师。听后我轻轻一笑,对她说:“分数不是唯一的标准,学校要根据个人的特长进行统筹安排。老师让你当组织委员,是因为你的组织能力强,适合干这项工作。不要随便议论别人。”

我这样一说，她释然了，不一会儿的工夫就与我谈起其他的事情。

在后来的日子里，看着她在大队委值日时提早到校、认真检查，我才真正放下心来。

人要学会走路，难免有时会摔跤。落选就是生活对女儿的锤炼，让女儿认识到：遭遇失败是生活中常有的事，用平常心接纳失败才是正确的生活姿态。

2009 年 11 月 23 日

我家有个小“无赖”

一

女儿自小乖巧、懂事,善解人意,可随着年龄的增长,这些日子却越来越“无赖”了。我的邮箱、QQ,甚至银行存款的密码,她都了如指掌,可却怎么也不告诉我她的 QQ 密码。我威胁她说:“那我改密码,以后也不告诉你。”她却坚决不同意。这个小“无赖”真让我伤脑筋呀!

二

女儿自幼还算“生活能够自理”,我也算得上“放手妈妈”。读小学时,女儿喜欢在家长的鼓励、赞美声中洗洗小衣服,做几个简单的菜,并起上特别的名字,颇有成就感。上初中以后,女儿的功课多了。她放学回来,饭已备好;饭后,我总想让她休息一会儿,不再让她做家务。这样一来,反倒让她养成了“游手好闲”的坏习惯。暑假里,我想让她干点儿力所能及的家务,愣是叫不动了!其实,叫她做点儿家务,虽说是想让她学些基本的生活技能,但更重要的是我想享受那种其乐融融的亲情。孩子渐渐长大,在家的时光会越来越少,等到上大学了,也就基本上离开了家。可是,女儿似乎意识不到这些,只想着自己怎么舒服、怎么快乐。

三

假期里,女儿总喜欢住在姑姑家。其实女儿的心思我懂:住在姑姑家比在自己家里更自由。在姑姑家,没人逼她干一些力所能及的家务活,她过着“饭来张口”的舒适生活;学习没有硬性任务,可学可不学。在家里就不同了:力所能及的家务活愿不愿意干都得干,学习任务是量化的。

换种思维想想:孩子嘛,由她去吧,只要大方向不错,学得好点差点,也差不了多少。可有时做家长的总希望孩子优秀了再优秀,这就使得自己变得喋喋不休,烦了孩子也烦了自己。不管吧,孩子万一高考落榜了,会不会反过头来抱怨家长管教不力?

父母作为孩子的第一监护人,适时的管教是必须的。若孩子嫌咱们唠叨,咱们可以换种方法。

经过交谈,我与女儿达成了口头协议:该她自己做的事情,我只说一遍,她就去做。开始几天,女儿执行得还不错。几天过后,协议就不灵了,女儿恢复成了小“无赖”。你一说她,她一口一声“妈——”,拖着长音跟着你,直到叫得你笑了才罢。

这样的孩子跟在身边,我真是拿她没办法。那好,我先接纳,再慢慢想办法教育她。

2011年6月6日

女儿学会了表达爱

女儿的数学老师手受伤了，在家休息。当女儿告诉我这一消息时，我立刻拨打了老师的电话，祝愿老师早日康复。

周五放学后，女儿告诉我，他们班选了 10 个代表，周六要去看望数学老师。听到这一消息，我的第一感觉是：孩子们长大了，知道关心老师了。

“谁组织的？”

“班委。”

“怎么去？什么时间？在哪儿集合？”

“周六下午四点半，在学校门口集合。”

“知道老师的家吗？”

“新丽知道。”

“你们准备给老师带点什么礼物？”

“什么都行。”

“不统一行动？”

“个人自愿。”

“那你准备给老师带点什么?”

“水果。”

“有点俗。再想想,有什么礼物更适合看望老师?”

“鲜花,加上我亲手制作的卡片。”

“很好。”

于是,女儿在周五晚上用了一个多小时,很用心地做了一张卡片。卡片虽然没有印刷的那么精致,但凝聚了女儿对老师满满的情和爱!

第二天,女儿到鲜花店挑选了12支鲜艳的康乃馨,小心翼翼地放上自己亲手制作的卡片,然后让鲜花店的阿姨包好,怀着激动的心情去看望老师了。

看着女儿认真的样子,我很感动。女儿长大了,知道如何恰当地表达爱了。

2010年3月20日

一枝独秀不是春

昨天中午,我正在厨房里做饭,女儿放学回来了。

“妈,告诉你一个不幸的消息,你要有思想准备。”

“怎么了? 说。”

“期中考试,我数学考得不好。”

“多少?”

“94 分。”

“不少。”

“人家×××考了 95.5 分,×××考了 97 分,都比我多。”

“成绩在一个分数段内浮动,这很正常。别人比你考得好,你首先要祝贺人家,然后查找自己出错的原因并引以为戒,这样下次才能赶超人家。”

“妈,你猜猜我们班谁考得最差。”

“猜不出。”

“告诉你吧,是×××。他考了 43 分,是我们班最差的。”

“别这样说,每个人都有考好的愿望。但是,智力的差异、家庭背景的不同会造成学习习惯、思维方式等不同,所以成绩也会有差异。再说,这次考得不好,并不代表人家以后永远考不好。所以,当同学考试成绩不如意时,你要给予他同情和安慰。如果有可能,你应该给予他学习上的帮助。记住,我们要学会换位思考。"

"妈妈,我知道你又要教育我了。下一句一定是'一枝独秀不是春'吧?"女儿冲我做了个鬼脸。

我想捏她的小脸蛋,可人家一溜烟地跑了……

2011 年 11 月 20 日

选了就不能半途而废

女儿一直很想学琵琶。我怕她只是一时兴起,也就没太放在心上。不承想,寒假期间她一直念叨。看她确实上心,我把她叫到跟前,郑重其事地与她进行了一次谈话:

"现在你已经上六年级了,相对来讲,空闲时间已越来越少。妈妈再次问你,学还是不学?"

"学!"

看到女儿一脸的坚定,我给了女儿这样的答复:"那好。第一,在态度上,妈妈赞同你。第二,在资金上,妈妈支持你。只要你学,我们会不遗余力。不过,你既然已作出选择,就要咬紧牙关,坚持下来,要力争克服随意性,不可半途而废。"

"妈妈,你放心,我会努力的!"

"那好,我现在就给老师打电话。"

周六我把女儿送到文化馆的琵琶学习班,师从侯老师开始学习琵琶。

既然孩子有一个"琵琶梦",我们做家长的就为她助力好了!

愿我的女儿越飞越高,越飞越远……

2010 年 3 月 9 日

后记:

女儿跟着侯老师一学就是 4 年,初中毕业那年过了 10 级。进入高中、大学后,琵琶一直陪伴着她。参加晚会、比赛时,弹琵琶成了她拿得出手的特长。在西班牙康普顿斯大学做交流生时,琵琶成了她讲述中国传统文化的媒介。更重要的是,琵琶成了孩子快乐时的加油站、郁闷时的疗愈机,是她精神上的好伙伴。

佩服老师可以提高受教力

女儿进入初中后第一次测验时各科的成绩分别是:语文94分,数学98分,英语91分,政治96分,历史77分,地理77分,生物88分,总成绩是621分。我与她由成绩谈论到老师。

妈妈:你感觉哪科比较困难?

女儿:历史有点儿难,有些知识容易混。

妈妈:你可以以时间为线索,将历史事件穿连起来,然后将每一个事件发生的地点、参与的人物安放进去。如果把历史事件比作一棵大树的话,那么人物就是历史的枝叶,历史意义就是大树的根脉。在自己的头脑中建立起"历史的知识树",你就不会出现张冠李戴的现象了。

妈妈:政治考得不错。

女儿:我们班政治考90分以上的有40多个人。

妈妈:那说明你们政治老师很厉害。

女儿:妈,你不知道我们政治老师多么"牛"!他说他每年发表很多篇文章,有一年的中考题被他猜中许多道,学生成绩非常好。他还说他很忙,我们谁想见他需要提前预约。

妈妈:不管怎么说,能够让学生喜欢学习就是老师的本事。(那一刻,我心里乐开了花,不只为老师的“牛”,更为老师的幽默。)

女儿:妈,我最佩服英语老师了。

妈妈:为什么?

女儿:他说他上大学前最不喜欢英语,口语和听力都不好。去大学报到的那一天,刚进校门口他就遇到两个漂亮女生。她们对他不屑一顾,扔下一句“土包子”飘然而去。他心里那个堵啊,上大学的兴奋全变成了气愤!巧合的是,那两个女孩与他是英语系的同班同学!一个口语特好,一个听力特棒。于是,他暗暗发誓:超过她们!不幸的是,上英语课时,外教的课他根本听不懂。没办法,他只好拼命记课堂笔记,课下再仔细琢磨。一个学期下来,他记了满满6本课堂笔记。外教老师发现他的做法后特别感动,就有事没事地把他叫到办公室,用英语和他交流。就这样,到毕业时,他的口语和听力超过了那两个女生,都成了班里最好的。

妈妈:一个“土包子”变成了“白马王子”,这可真是态度决定命运啊!

女儿:现在我特别喜欢上英语课。

妈妈:那就好好学吧,相信你一定会有出色的表现。

女儿:俺数学老师特幽默。即使是在最容易犯困的时段上数学课,我也不会犯困。(数学老师是孩子的班主任,不仅课上得好,班级管理也很有一套。)妈,俺老师是实验中学的"名班主任"。

妈妈:听说你老师不仅是实验中学的"名班主任",还是咱们市的"名班主任"呢。

女儿:哇,这么厉害!

妈妈:语文老师呢?

女儿:听别人说,她带上一级学生时,是她第一次当班主任。她所带的班级到毕业时,升学率在全市最高!

妈妈:也够"牛"的!

(其实,对女儿的语文老师我是深有了解的。我在实验中学任教时,我们同在一个级部,这位老师不仅课上得好,而且人品好。)

妈妈:明月,你真幸运!

女儿:怎么讲?

妈妈:在一个人的一生中,能够遇上一位好老师就算幸运,而你一下子遇上这么多好老师,你说幸运不幸运?在这么好的条件下,成绩好不好就看你的努力程度了。

女儿:妈,你不相信我?

妈妈:那倒不是,我坚信俺女儿到哪儿都是好样的!

2010 年 10 月 19 日

后记：

好的老师是孩子生命中的贵人。孩子在仰慕、钦佩老师的同时会心悦诚服地接受教育，潜移默化地提高自身的综合素质。“高山仰止，景行行止，虽不能至，心向往之”的效果也就渐渐实现了。正如颜渊对老师由衷的赞叹：“仰之弥高，钻之弥坚；瞻之在前，忽焉在后。夫子循循然善诱人，博我以文，约我以礼，欲罢不能。既竭吾才，如有所立卓尔。虽欲从之，末由也已。”

感谢缘分让女儿遇见这么多优秀的老师，感谢老师们对女儿的无私付出。

“哈佛”—— 一盏感召女儿的长明灯

早在女儿上小学四、五年级时,我就向她推荐过《哈佛女孩刘亦婷》,想让她看看人家是怎么学有所成的,然而女儿似乎不感兴趣,我也就不再提。(家长想影响她,无果。)

上六年级时,她突然有一天问我:

“妈,哈佛大学在哪里?”

“在美国。”

“这个大学好吗?”

“好!非同一般!”

“那我能去上吗?”

“也许。不过一般人去不了。”

“为什么?”

“因为那是世界一流大学,只有非常优秀的人才才有可能到那里去上学。”

“妈妈,我要努力,争取到哈佛去上学。”

“那好呀,妈妈支持你。明月,你怎么突然问起这个来?”

“王晓璇说她最大的愿望就是到哈佛上大学!”(同学在影响

着她。)

哈佛大学进一步引起女儿的关注是在她进入初中以后,英语老师对他们讲了一番话。

她说:“俺英语老师说他这辈子最大的遗憾是没有到哈佛上大学,希望我们在座的同学中有人能去那里上大学。妈,哈佛到底有多好?”

“你可以到网上查一查,看看哈佛培养出了多少位诺贝尔奖获得者、多少位总统,看看哈佛的学子对世界的影响有多大。”同时,我又一次从书橱中抽出《哈佛女孩刘亦婷》《哈佛精神》和一本大学指南(书中有一篇《哈佛男孩艾宁对你说》的文章)递给了她。

“妈,你什么时候买的?”

“早买了。给过你,可你不感兴趣。”

“不是不感兴趣,是我还没来得及看。”

“感兴趣就看看吧。”

“妈妈,你看我能行吗?”

“当然行,只要努力,你就有可能。不过,这条路可不好走啊!现在,最重要的是,你要把功课学好。”

“我会加油的!”(老师在影响着她。)

也许哈佛最终只是女儿心中的一个梦,但结果并不重要,重要的是哈佛对她产生的感召力和女儿为此付出的努力。

哈佛就像一盏长明灯,照耀着女儿求学的漫漫征途。

祝愿我的女儿美梦成真!

2010 年 11 月 2 日

偶像——成长中的榜样

吃早饭时，爱人无意间说起："明月得有自己崇拜的偶像了吧？"

也许是男人心粗，也许是他没有留意，其实女儿早已有了自己崇拜的偶像。

女儿说："我最崇拜张韶涵。"

女儿问我："妈妈，你最崇拜谁？"

"我最崇拜居里夫人。"

"为什么？"

"她是人类的骄傲，更是女性的骄傲！她是人类历史上为数不多的两次诺贝尔奖获得者。第一次是她和她的丈夫皮埃尔·居里及法国物理学家贝克勒尔因在发现放射性元素方面所做出的巨大贡献，共同获得了 1903 年的诺贝尔物理学奖。第二次是她因发现钋和镭以及在镭的应用方面所做出的突出贡献，获得了 1911 年的诺贝尔化学奖。"我说。

"居里夫人不仅是一位伟大的科学家，更是一位伟大的母亲。

她的女儿伊雷娜在 1935 年与丈夫弗雷德里克也获得了诺贝尔化学奖。他们一家人 3 次获得了诺贝尔奖。”我继续对女儿说。

“所以，一个人的偶像既要有高大的，也要有通俗的。不同的偶像给人的力量是不一样的。比如高雅音乐与通俗音乐，像贝多芬、莫扎特等著名音乐家的作品，流传至今，依然经典；流行歌曲则像一阵风，可能一时盛行，但不会在音乐史上留下太深的足迹。”

“因此，妈妈不反对你崇拜张韶涵，但你也应该有更高层次的人生偶像。”

女儿那双水灵灵的大眼睛眨巴眨巴地望着我。

“慢慢想。”我丢给她一句，“上学去吧。”

女儿像只有思想的小鸟一样，背着书包快快乐乐地上学去了。

2009 年 10 月 18 日

我们与女儿肩并肩

昨天，女儿学校进行期中考试，上午考了语文和政治。午饭时，女儿特神气。

“考得不错?”我问她。

“那当然!”她很得意。

“作文是什么题目?”

“一个是根据课本上学过的一篇课文自拟题目，写一篇《我与×××有约》；另一个是《留在心中的记忆》。”

“妈，我这次的作文写得特好……”

“亲身经历，有真情实感，自然能写好。”

“妈，有的细节我已经忘记了，就编了一些。”

“作文来源于生活，但不一定百分之百地照搬生活，有体验、有感悟就好!”

说起作文，我想起2010年暑假期间我和孩子受综合实践课题研讨会会务组之邀参与的大型亲子活动“爱的呼唤”。活动分为5个环节：

1. 母子(女)把两条腿绑在一起,从主席台上走下来,绕会场一周后回到主席台。最先回到主席台者获胜。

2. 母子(女)分别把眼睛蒙上,不能出声,只凭对手的触觉判断出自己的妈妈或孩子,以测试日常生活中母子(女)身体接触的亲密度。

3. 母子(女)远离。在特设的情景中,孩子感到无助时呼唤"妈妈",看妈妈是否能听出自己孩子的声音,并做出回应,以测试母子(女)对彼此声音的感应度。

4. 把孩子的眼睛蒙上,妈妈在漆黑的礼堂(灯光完全关闭)内外,牵着孩子的手(不许出声),协助孩子穿越种种特设的障碍,最后回到主席台,让孩子体验妈妈是其成长的依靠。

5. 把妈妈的眼睛蒙上,让孩子协助妈妈在漆黑的环境里穿越各种障碍,克服种种困难,回到主席台,让孩子体验各种困难以及为克服困难所做的努力。

记得当时,会场一片漆黑,回荡着低缓的音乐,加上主持人低沉、缓慢、如泣如诉的朗诵——《母亲》,现场哽咽声此起彼伏……人们被当时的场景带进了怀念母亲、对母亲感恩的氛围……当大家完成整个活动,回到主席台进入自由发言环节时,很多人举手发言,子女对母亲的爱、母亲对孩子的爱,像开闸的江水一样势不可挡,被诉说得淋漓尽致……

那一刻,我泪流满面,女儿也是……当主持人把话筒递给我时,我把当时的感受说了出来,可女儿一个字也没有说。在后来的日子里,我们谈论这个话题时,我总笑她当时的"无语"。今天看来，说与不说都无妨，经历本身就是一笔财富，积淀在人生的河床上。当时光流逝、花开花谢，说不定在哪一时、哪一地，这种积淀就会在女儿的心头冉冉升起，成为一轮暖暖的太阳，温暖着女儿的心，温暖着女儿的情，坚定着女儿前进的步伐……

孩子，无论你飞得多高，妈妈的目光会一直追随着你；无论你走得多累，妈妈的心会一直温暖着你。请记住，无论何时何地，爸爸、妈妈都是你人生的欣赏者、陪伴者。即使你感觉天下所有的门都已对你关闭，回家的门会始终为你敞开。即使你感觉天下所有的路都到了尽头，爸爸、妈妈与你相通的心路仍会宽敞、平坦、无间隔。

“爸爸、妈妈”就是你的“家”。“家”在，爱与关怀就在；“家”在，支持与陪伴就在。

我们陪你长大，你伴我们变老。我们携手前行，一直肩并肩。

2011 年 11 月 20 日

人就应该活得像蝴蝶一样轻盈而美丽

昨晚,女儿放学回来谈起了三毛。其实,女儿没怎么看三毛的作品,所谈论的只言片语大都来自她的同学。好在 20 世纪 80 年代,三毛的作品我看了不少。那个时候,凡是能买到的、借到的,我都过了眼。所以,在女儿谈到三毛时,我能与她进行畅通的交流:从经历到性格,从性格到作品,从作品到爱情,从爱情到生活,最后到自尽……

三毛是一位“特立独行”的女性,也是一位最终没有走出自我的女性。

“三毛,美则美矣,悲也悲矣!”我弱弱地叹息了一声。

女儿对三毛作品里所谓的空灵事件最感兴趣。我的解释是:“三毛是一位唯美的情感作家,对自然科学涉猎较少,所以作品中有了很多解释不了的空灵事件。”我是一个彻头彻尾的唯物主义者,也希望女儿能树立科学的世界观。

我给女儿的建议是:现阶段少读三毛的作品,特别是求学期间。如果想走进她的作品,可以放在参加工作以后。

在我的感受中,读三毛的有些篇章会让人感觉很压抑。如果可以在轻松与沉重、快乐与伤感中选择的话,我还是愿意让孩子选择轻松与快乐。

为什么不呢?

我认为人应该活得像蝴蝶一样,带着轻盈与快乐,用舒展的舞姿找寻生存的空间,用欣赏的眼光饱览美丽的风景。一路飞翔,一路采撷,轻轻地来,亦如轻轻地去。

这是人生的一种境界——轻盈而美丽。

2014 年 3 月 20 日

女儿教我减压

昨天晚上,女儿通过微信发来一段长文。

妈妈:

您平时可以把心态放轻松一点儿。毕竟弟弟现在才初中,将来还有高中和高三要过呢。

根据我的个人体会,我想说:学习成绩如何,外界施压的作用微乎其微,关键是自己内在的动力。只有找到自己真正渴望要达到的目标之后,他才会有更加显著的表现,这就叫所谓的“开挂的人生”。

所以,我感觉您平时不用压力那么大,也不必给我弟弟施加太大的压力。只要他的学习态度没问题,那一切就都好说。

在学习细节上,您也不必事无巨细,毕竟学习是他自己的事。他如果有不会的,也可以问问我。

妈妈,您也要有自己的生活,对不对?

好好照顾自己,平时没事了多喝点花果茶,保养保养皮肤,读读书,看看报,每天留出一些属于自己的时间来。我知道老妈为这个家付出了太多,所以我希望您现在能过得轻松、快乐点儿。

您平时不用挂念着我,我会照顾好自己的身体和学习。想家的时候就跟你们用视频聊天,挺好的。

想想看,人这一辈子也就3万多天,再怎么难,也得快快乐乐的。

我爱你们。

或许弟弟还小,不太懂事,但我们相信他总会有长大的那一天,我们需要做的就是等待。

这段文字看得我泪流满面。孩子真是长大了！一个不到20岁的女孩子,远离父母,远离家乡,独自一人在遥远的西班牙,不仅把自己照顾得好好的,还牵挂着家,牵挂着妈妈,让我这做妈妈的怎能不感动？我立马回复她:

哈哈,首次看到妮子的长篇大论,挺感动的。

这就是孩子长大了吗？肯定是！

你说的这个理儿,妈懂。

按年龄,妈妈到了修身养性、颐养天年的阶段。可是,目前你俩都还在求学阶段,妈妈洒脱不起来。

面对你的学业、就业、情感问题,妈妈不敢掉以轻心。什么时候,你工作了、结婚了,妈妈就心安了。好在你现在懂事了,不再走偏路,确实省了我不少心。

你弟弟现在刚刚进入青春期，我更不敢掉以轻心。

现在，我忙在你弟弟的功课上。他的期中考试成绩在班里仅居中游。如果疏于管理，万一他跟不上趟，对学习失去信心不学了，那麻烦就大了。社会上有些坏孩子不是生来就坏，大部分是因为家长疏于管理，孩子学无兴趣、另寻寄托才学坏的。现在，你弟弟需要妈妈扶一把，妈妈责无旁贷，无怨无悔。我想：他只要成绩滑不下来，顶多两年，到初三时可能就不需要我操心了。

现在，妈妈正在努力之中。

非常非常感谢你！

女儿回复我说：

您这样想也好，但一定要注意身体。弟弟的学习也不是您生活的全部呀！妈妈要好好生活，祝您每天都快乐！

再熬上两个星期，您就能见到我了。哈哈……

生活是一场远行，路远且长，一家人彼此关照着前行，是一种最美的生活状态。当孩子懂得关注父母的心情、审视父母的心态时，说明我们对孩子的教育初见成效。接下来，很有可能我们做父母的就成了孩子的教育对象，乖乖地跟着他们的思维走了。

甚喜。

2017年12月7日

卸掉包袱才能轻松前行

6月22日晚上11点多,女儿发来信息:

女儿:妈妈!

妈妈:吗事?

女儿:我今天心里莫名其妙地不舒服,也没有复习的欲望,反正说不上来的难受。

妈妈:想我啦,还是想别人啦?

女儿:不是,是没来由的,就是莫名地烦躁。

妈妈:那就转移注意力。听歌,睡觉。

女儿:嗯,希望明天就好了。

妈妈:会的,晚安!

女儿:嗯。你最近身体怎么样?

妈妈:还行。

女儿:别太累了。

妈妈:谢啦!“小棉袄”怎么啦?(我感觉女儿心情有些不对劲儿。)

女儿:我突然就莫名其妙地哭了。没事儿,哭出来心里就一下子平静了。

妈妈:有吗不开心的?

女儿:没有,真是莫名其妙,现在我感觉好多了。我之前也有过这种情况,但那次哭的时候,嗓子不难受,这次我感觉嗓子特别苦。好好保护自己,爱你,妈妈。

妈妈:何出此言?

女儿:不知道。今天晚上就是莫名地心烦,想哭,就那么一瞬间。现在没事了。

妈妈:那就好。也许睡个觉还会做个好梦呢,要不试试?记得照顾好自己,包括情绪。

女儿:好的。

妈妈:我们爱你。

女儿:我也是。

…………

妈妈:怎么样?现在心情好些了吧?

女儿:嗯。可能最近事情太多,压力太大了。

妈妈:把事情分出轻重缓急,做当务之急的,舍弃不必要的,就会好些。试试看。

女儿:好的。

妈妈:今晚我搂着你睡吧?

女儿:我倒是想。妈妈,没事啦,别担心。

妈妈:那好,晚安!

女儿：晚安，妈咪。

那一晚，我有些担心，一直到凌晨两三点钟才睡着。早上醒来第一件事情就是打开微信，看看有没有女儿新发来的消息。果然，女儿给我发来了一段长文：

妈妈，我现在是真好了。

我静下来想了想，觉得应该是因为最近太忙、压力太大，但是自己没有察觉到。

第一，我第二专业考试的事，我成天担心，不是担心不过，而是担心他们笑话我。我第一次觉得这么不自信。我都不知道这些自卑是从哪里来的。

第二，我最近在忙着复习，准备各种各样的考试，但晚上舍友经常打“保皇”，很吵。今天我就这事说了一句，结果被一个舍友怼了。因为我不想闹得不愉快，就跟她道歉说：“我随便说的，别介意。”但是，我心里还是有些堵。

第三，在我们几个爱跳舞的人办的那个社团，有人要我们每人交23元钱，给社团买音响。我觉得这事不妥，但也改变不了，心里有些不痛快。

第四，感觉最近需要花的钱超多，心情有点儿不爽。

第五，我的全国大学生英语竞赛一等奖证书一直在老师那儿。他一直不在办公室，我拿不回来，心里很急躁。

第六，我弟弟一直不露面，我想他，但他不理我。

第七，我在朋友圈发的那个弹吉他的小视频里，你跟我张燕姐只看到了我耳朵上夹的那个小耳坠，而没有关注我弹奏的内容，弄得我心情超级不好。

…………

太多的小事积攒起来，于是我今天就差点儿崩溃了。

妈妈，我说完这些，心里顿时舒坦了，真的，就像一块大石头落了地。

以后，我还真不能压抑情绪，那样会憋出毛病来的，哭出来反倒感觉轻松了。

我好想出去散散心，看看海。

针对女儿列出的种种原因，我立马给女儿回复道：

抱歉，妮子。昨晚报晚安后我就睡了，现在刚刚看到。

是的，说出来就好了。正如有句歌词所说："生活是一团麻。"这是真相。过去的日子里，这些"麻"都因你的乐观、豁达被你忽视了，所以你生活得简单、快乐。你不知道我和你爸有多么羡慕你。

你不是常常给妈妈讲：天下能有多大的事？睡一觉起来，太阳照样还是新的。

妈妈遇到躲不开的事，不高兴时，都是在向你学习。你不知道吧？

现在，你能逐条分析、梳理出自己的情绪，超级棒！

其实,从积极的方面想想处理对策,很多问题可以迎刃而解。

1. 第二专业没你想象的那么困难,跟留学计划冲突的可能性不大。相信到时一定会有办法的,这是学校的事,不用你管。

2. 舍友打牌的事最好不干预,做好自己,对舍友要多包容些。

3. 社团花钱买音响这事儿未必不可。你如果感觉不愉快,可以退出社团。目前,你学习之外的活动参与得有些多。适度地给自己留有闲暇,看看书,提升一下品位,是不错的选择。“腹有诗书气自华”很有道理。

4. 关于花钱,妈妈的观点是:不在于花得多与少,而在于花得值不值。我们家虽不富裕,但爸爸、妈妈有固定的工资,对于你正当的消费从不吝啬,这点你晓得。对于不必要的消费,咱们还是能省则省吧。

5. 无论你的等级证书在哪儿放着,它都是你的。老师也有老师的工作,这段时间可能在忙别的事情,你不必着急。

6. 你弟弟现在学习比你当年紧张多了,昨天晚上睡觉时已经11点多了,现在实在没有时间陪你玩。我也是一边忙你弟弟,一边忙里偷闲和你聊天。

7. 那天看你发在朋友圈的视频,对你夹带的小耳坠,妈妈只是开个玩笑,你别当真。你这么在意,倒是妈妈没有想到的。以后妈妈改,多表扬、多鼓励妮儿就是啦!孩子嘛,永远是自家的好!不过妈妈觉得你不施粉、不戴饰,更清纯,更婉丽，更可爱。

也许是因为妈妈本身喜欢简单、自然，所以妈妈希望自己的女儿也是一朵出水的芙蓉，纯洁、无瑕、唯美。

生活在这个世界，我们每一个人就好像是安装在一台高速运转的机器上的某一个零件，随着机器快速地运转着，想停下来歇歇都不可能。这种独一无二、不可替代性，大概就是每个人的责任吧。

现实生活里没有“容易”这两个字，你、弟弟、爸爸、妈妈都在各自的岗位上奋力打拼，想成为自己想要的样子。当你悟透了这个道理，遇到的问题就会迎刃而解。

丰子恺先生有段话特别有哲理，拿来与你共勉：

“向前看，不要回头，只要你勇敢面对，抬起头来，就会发现，此时的阴霾不过是短暂的雨季。”

我想，下雨是自然现象，而雨过天晴更是令我们期待。

如你所言：我们都要好好的，成为自己想要的样子。

今年暑假，我们一家人一块出去转转，看山还是看海，由你和弟弟定。只要我们一家人快快乐乐地在一起，就是最好的安排。

2017 年 6 月 22 日

后记：

孩子在成长的过程中自然会遇到这样或那样的问题，孩子的情绪会随之起起伏伏，虽属正常，但家长不可小视。面对问题不回避、不拖延，及时沟通、及时解决，才能帮助孩子宣泄情绪、甩掉包袱、理清思路、找到出路。

从女儿与我的交流来看，处于大学阶段的孩子因为种种原因，还是会遭遇情绪的困扰。大学生正处于从学校到社会的转型期，虽然心理发展日渐成熟，但在面对学业，特别是人际关系、感情等问题时，往往会比较敏感，情绪波动较大，容易产生沮丧、失落、焦虑、易怒等负面情绪。这些负面情绪必然会影响到大学生的心理健康。所以，家长要引导这个阶段的孩子学会科学地疏导情绪，找到正确的宣泄方式。同时，家长还要引导孩子逐步提升情商，学会在集体生活中更好地控制自己的情绪，更多地接纳、包容、善待他人；帮助孩子建立起正确的“我与自我，我与他人，我与社会”的认知方式，使其能够恰当地处理与周围世界的关系，从容地享受校园生活。

现在，女儿愿意与我交流成长中遇到的困惑与问题，积极求助于我，说明孩子信任我。作为妈妈，我很欣慰。

这时，我们做父母的，首先要做孩子宣泄情绪的倾听者，让孩子把心中的憋屈倾诉出来；其次要做孩子情绪波动的理解者，感同身受地接纳孩子的困惑；再次要做孩子情绪的疏导者，引导孩子找到情绪产生的触发点，从解决问题的角度调整对问题与困惑的认知。

事实上，当我们真的这样做了，所谓的问题就已经不再是问题，所谓的困惑也不再是困惑。重要的是，家长要引导孩子不做情绪的提线木偶，逐渐成长为能够管理自我情绪的人。人只有及时做到“空杯归零”，才能放下过去，扔下包袱，轻松前行。

女儿与音乐

音乐给予人的影响是深刻的。

最初的启发来自我和爱人第一次去杭州西湖旅游。记得当时我们漫步于湖畔,背景音乐是钢琴曲,那琴声轻缓、流畅,荡涤灵魂,给人的感觉妙不可言。

回来后,我就热衷于倾听钢琴曲。

有了女儿以后,我想把这种美妙的感觉传递给女儿。白天,在女儿睡眠、玩耍时,我就将钢琴曲作为背景音乐放给她听。

听得最多的是贝多芬的《致爱丽丝》,理查德 · 克莱德曼的《梦中的婚礼》《水边的阿狄丽娜》《秋日私语》《星空》,以及舒伯特的《摇篮曲》。

当时,我不确定这样做是否有用。后来,在女儿学习钢琴、琵琶时,老师都说她的乐感特别好,我想这可能是受益于女儿襁褓期所接受的音乐启蒙教育。

在女儿最近出版的新书《时光不语,静待花开》中,有几篇与音乐有关的短文。

在《乐器》中她写道:

不知道当时是如何开始学习钢琴的,这是我最不后悔的事情。虽然当时并没有特别喜欢,还老是因为练琴不认真惹妈妈生气,有一次还被钢琴老师赶了回来。

…………

不知道为什么,它就是有种神奇的魔力,可以使我忘掉一切。虽然练曲子的时候也会感到烦躁,但当弹奏出流畅的曲子后,我感觉自己真的走进了旋律。

总之,感谢爸爸、妈妈当时让我去学习钢琴。虽说我最终也成不了钢琴家,但于我而言,钢琴已是生活中不可缺少的一部分,从中收获的快乐已令我大满足。

昨天,康普(全称是康普顿斯大学,下同)的老师告诉我:康普有可以供学生使用的钢琴。这信息于我是个好大的惊喜。回头我就打印几张谱子去那儿疯上一阵,过把瘾。

在《琵琶　吉他》中她写道:

虽然已经很久没有抱起它了,但很佩服当时自己4年学完了10级。学习琵琶让我感到充实和快乐,也给了我很多的掌声和荣誉。现在在康普,我还能把它介绍给来自其他国家的同学。我为此感到自豪。来西班牙时,我好想带着琵琶一起走天下,无奈它体积太大,不方便携带,只得忍痛割爱,与它暂时分离。

喜欢吉他一开始是因为王俊凯会弹。我觉得他弹吉他的样子好帅,所以我也要学。我好后悔自己没有早学,吉他与钢琴、琵琶相比,太容易入门了。学了三天,侯老师就不再管我,让我随意弹自己喜欢的曲子了。

感谢老师,感谢爸爸、妈妈,感谢对什么都感兴趣的自己。

在《关于音乐》中她写道:

爸爸、妈妈,你们相信吗?没有音乐或者不懂音乐,我绝对不会像现在这样开心、阳光、自信。音乐对我来说是有灵性的,我很喜欢现在的自己。

感谢爸爸、妈妈总是支持我做自己喜欢的事情,让我成为一个与众不同、能够在芸芸众生中发出自己独有光芒的快乐女孩。

从女儿的只言片语中,我真切地感受到:女儿之于音乐,就像生命之于阳光、空气、水,音乐已成为女儿生活中不可或缺的一部分。

从婴儿期的熏陶到青少年时期的专业学习,音乐陪伴了女儿,也成就了女儿。虽说女儿没走音乐专业之路,但音乐给予女儿的快乐与滋养,已远远超出了我的初衷。作为妈妈,看着女儿在音乐中如痴如醉,像花朵般绽放,我也就知足了……

2019 年 4 月 6 日

尝试拍电影

拍电影、当女主，大概是所有女孩子连白天都要做的美梦。

2016年6月8日，女儿走出了高考考场。本以为她会松口气，睡个大觉，把熬过的夜补回来，不曾想人家约了几个同学看电影去了，并且晚上在饭店里着实“疯”了一场。想想也是，3年的高中生活紧张得要命，孩子们成天泡在题海中拼杀，是该找个节点尽情释放一下了。

没想到女儿回来后又让我们吃了一惊，她说和几个同学约好了，第二天早上6:00到学校体育场集合，拍电影。他们要拍一部微电影——《你还记得吗?》，来纪念那一段青春涌动、拼搏无悔的高中生活。

几个娃娃能拍出电影来？

一切皆有可能！孩子们可真是小瞧不得。

那个暑假，几个孩子嬉戏着，忙碌着……他们几乎跑遍了肥城这个小县城的所有景点。特别是泰西中学，墙内的小桥流水、荷花倒柳、教室操场，墙外的栅栏围墙、大门小径，值班的老师、放学的校友，都成了拍摄的素材，与他们一同走进了镜头，定格在影片中，成为恒久的记忆。

电影后期制作完成时已是春节了。一群孩子从各地高校回到肥城，看到了自己的处女作。用他们的话说：效果并不理想，影片还有太多太多让人不满意的地方。有的镜头画面晃动，模糊不清；有的镜头声音太小，没有放上与声音同步的文字等。但孩子们看着自己拍的一个个小片段被连接成一部时长 17 分钟的小电影时，自是激动不已。

我和爱人大大地夸奖了他们一番。我们既不是从艺术的角度，也不是从技术的角度，而是觉得一群十七八岁的孩子，能敢作敢为、大胆尝试就已经很了不起，更何况他们竟然做成了。

电影的结尾语：

无论何时
无论我们去了哪里
那些我们的独家记忆
都始终会在心里安躺
爱你们

这份情怀，这份独家记忆，才是孩子们拍摄这部电影的最大价值。

2019 年 4 月 8 日

国家奖学金

2017 年 9 月，女儿新学期里的第一件大事就是参评 2016 年度奖学金。是否入选完全由学分的综合排名来确定。

女儿以为自己会获得，但结果出来后，却以 0.005 分之差落选了。她翻来覆去地核查，发现自己竟然把选修的一门网课忘得一干二净，得了 0 分。这教训可真够深刻的，足足可以让她记一辈子。

没承想，这竟然成了好事。与奖学金失之交臂的悲摧感激发了女儿的斗志，她憋足了劲儿发奋图强，立志大二一定要以最出色的成绩拿下奖学金。从此以后，女儿远离了休闲娱乐，搁起了琵琶、吉他，放下了拉丁、爵士，捧起书本启动了比高三还拼的学习模式。这时，她坚定的信念已经燃烧起来，释放出巨大的能量，把她自己都震撼了。

2018 年 9 月，大二的综合成绩出来了，女儿以遥遥领先的分数位居全系第一，经过层层推荐筛选，最终如愿以偿，获得了国家奖学金。当得知这一消息时，她已经远在康普顿斯大学。当天我们通过视频聊天,女儿说了句:“妈妈,我想哭……”我理解女儿的心情。“梅花香自苦寒来”“一分耕耘,一分收获”……这些朴素的道理,女儿已深深地懂得。我觉得这种心灵的成长已经远远超越了奖学金本身的价值,成了女儿持续发力的源泉。

出国前选课时,多数同学只选择了语言课,女儿另外多选了3门高级文化课程。出国后第一学期(西班牙一学年分3个学期),女儿拿到了6门功课全优的成绩,着实为国人争了一口气。第二学期开学时,女儿连跳两级进入B2.1阶段的学习。第二学期结束,女儿6门功课全优,其中口语、语法得了满分。第三学期,女儿进入B2.2阶段的学习。康普顿斯大学每学期都要根据学生成绩重新组班,真正践行了孔老夫子因材施教的教育理念。

路是人走出来的,长大需要时间,更需要过程。回望女儿的成长经历,我真正明白了一个道理:父母对于孩子,不必慌张,不必焦虑,更不必奢望孩子实现跨越式成长。我们只需点亮心灯,以平和的眼光注视,以温暖的姿态守望,以同行的身影陪伴,以伙伴的方式相助,在阳光下、风雨中,与孩子一起踮起脚朝着更加明亮的地方成长。这就已经足够了。

2019年4月10日

女儿和她的美国朋友

2011年，肥城市教育局从美国亚利桑那州聘请了3位美国老师，利用2011—2013年的3个暑假，对全市中小学英语教师进行专业培训。

我们得知这个消息后，萌生了让女儿与外籍老师建立联系的想法。与女儿一说，她很乐意。于是，我们托朋友牵线搭桥，领女儿去见外教老师。那年，女儿刚小学毕业，一脸的童真和稚气，加上她“无知者无畏”的“自信”，结果外籍老师一下子就喜欢上了这个可爱的中国小丫头。桑德尔（Sandor）和提杰（Tj）老师与女儿互留了电子邮箱，从此开始了跨越大洋的电子传书。

起初，女儿收到外教老师的邮件时，根本看不懂，抱着词典一个词一个词地查，借助在线翻译软件也只能读取大意。用“囫囵吞枣”这个词来形容此时的她再恰当不过。我和爱人鼓励她积极回复，一则珍惜这段异国友谊，二则东西方文化的碰撞肯定能开阔她的视野，三则互动中一定能提高她的英语实用水平。

后来，我们建议女儿通过桑德尔或者提杰老师在美国找一个同龄的小朋友建立书信联系,因为同龄人之间沟通的话题可能会更多一些。幸运的是,桑德尔老师非常热心,让比女儿小 1 岁的自家侄子奥斯汀(Austin)和女儿结成了对子。其间有一个细节特别让我们感动:桑德尔老师先向彼此的父母介绍了对方,在征得家长的同意后,才帮助两个孩子通过邮箱建立起联系。从这个细节足可以看出桑德尔老师严谨、认真的做事风格。

奥斯汀,一个帅气可爱的阳光男孩,隔着大洋和高山与素未谋面的中国女孩交流着各种感兴趣的话题。明信片、电子邮件承载起两个异国娃娃的珍贵情谊。后来,两个孩子都下载了 Skype 平台,交流就更便捷了。随着两个孩子的交往加深,我们与奥斯汀的父母也互动起来,只是由于彼此语言不通,因此只能进行简单的对话,其他的交流只能依靠女儿当翻译了。

2012 年圣诞节,女儿与我们共同策划,通过邮局给奥斯汀寄去了一幅中国书法家协会会员田培彬老师的书法作品——毛泽东主席的语录“好好学习,天天向上”和一套泰山风景明信片。我们认为,对世界而言,毛泽东和泰山无疑都是中国非常有影响力的名片,而书法又是我国优秀传统文化的精髓,把融合了美好祝愿的传统文化作品送给奥斯汀能很好地表达我们的心意。

2013 年暑假,3 位美国老师如约来到肥城。女儿第一时间赶去看望他们。桑德尔老师给女儿带来了珍贵的礼物—— 一本他用了多年的英语词典和一件 T 恤衫,同时还捎来了奥斯汀送给女儿的明信片。提杰给女儿带来了一套服装。女儿十分感动,我和爱人更是如此。作为礼仪之邦的东道主,我们精心准备了一场家宴,和 3 位外教老师享受了一次文化大餐。女儿的一曲琵琶独奏

——《十面埋伏》让3位外教老师跷起了大拇指。3位外教老师很兴奋,一再请女儿再来一曲,于是女儿又弹奏了《春江花月夜》。霍华德女士边录视频边说:“Very pleasant to hear!”提杰老师鼓励女儿到亚利桑那读高中,并愿意帮助她完成在美国的学业。

有趣的是,女儿把提杰老师的话当真了,有段时间一直嚷着要去美国读书。2013年暑假,女儿强烈要求去培训机构参加托福班课程学习,准备考托福。我们满足了她的愿望。

我和爱人认为:女儿愿意学是好事。至于去美国读高中,这不太现实。一方面费用是个大问题,另一方面我们不会在孩子处于青春期这样一个最容易出问题、最需要家长监管的年龄段将其撒出去。但是,我们没有把这些真实的想法告诉女儿,只是告诉她:只有你足够优秀,等将来条件成熟时才可以出去学习。

参加托福课程学习尽管没能让女儿实现她的出国梦,但实实在在地夯实了她的英语基础,打通了她英语学习的思维通道。培训结束后,我们让她做了一遍2013年度的英语高考试题,她得了128分。后来3年的高中学习,英语成为女儿学得最轻松也是最出彩的课程。尽管大学没有选择英语专业,转向学习西班牙语,但她之所以能获得全国高中生英语竞赛一等奖、全国大学生英语竞赛一等奖,在英语演讲比赛、英语配音大赛、英语六级考试中一路绿灯,都是因为受益于那次托福学习,以及与外教老师和奥斯汀的长期交流。

这种横向的交互式学习使女儿纵向的学科学习走向深处。

2019年4月16日

尝试翻译

女儿大一时，有一次我与她闲聊，聊起了我以前写给她的那些书信以及对她的影响。

我趁机激了她一句："妈妈希望将来有那么一天，你能把妈妈写给你的那些信翻译成英语和西班牙语，出一本我们娘俩的三语版书信集。"

"这不难！可是我现在西语水平太差了，还翻译不出来。"

"没关系，将来一定有行的那一天。妈妈又不是太老，不急。不过，你这英语的高才生，可以尝试着先把它们翻译成英语。"

"行，我试试。"

大一暑假，女儿去北京一家西班牙语学校学习时，便利用课余时间着手翻译那些书信。翻译的第一篇是她 11 岁生日时我写给她的《11 岁，生日快乐》。这封信篇幅不长，只有 2000 多字，女儿本以为不会太难，但真正做起来才发现困难重重。原文中的

“女人花”“小棉袄”“口臭”“手贱”等口语，随意性强，不好翻译。女儿通过上网搜索、查词典、与我磋商，完成初稿后，寄给了她的忘年交——远在美国的桑德尔老师。热心的桑德尔老师为这封书信做了通篇的校正，寄给女儿。这样，女儿利用一个暑假的空余时间，总算完成了第一封书信的英文翻译。

大二开学后，女儿接着翻译了第二封书信《盘点青春，避开疼》，寄给了桑德尔老师，可很长一段时间都没有等到老师的回复，有些无助。（后来得知，那段时间桑德尔老师去欧洲和非洲旅行了。）我建议她在国内熟人圈子里找位大学英语老师把把关。于是，她请求山东省青年政治学院的侯菲菲老师对这篇稿子做了修改、校正。

建议女儿翻译书信的想法源自山东师范大学的周海银老师。2003 年，肥城市教育局与山师联合举办研究生课程进修班，我既是组织者，又是学员。在陪张老师闲聊时，她谈到当年本科毕业后与人合作翻译了一部书，虽然过程十分吃力，但考研时英语考得非常好，觉得这得益于那段翻译经历。而我这样做，既是为了促进女儿的英语学习，也是为了增进母女亲情。

实践证明，翻译这种实用性的学习方式，和学校教育相比，更具拓展性，对个体所产生的影响是宽泛、深刻而久远的。

2018 年暑假，我到青岛出版社与编辑老师磋商书稿事宜。吴清波老师知道女儿学习西班牙语后，拿着一本中蒙文对照版的《论语》找到我，想拜托女儿找一位合作者，翻译出版中西文对照版的《论语》。《论语》是中华民族经典而光鲜的名片，从“半部

《论语》治天下”足可以看出其修身、齐家、治国的强大功能。青岛出版社出版多语种《论语》，将会借乘“一带一路”的东风，把中国优秀的传统文化推向世界，这无疑是一项利在千秋的明智之举。

我将吴老师的嘱托转告给女儿，她没有找到合适的人选，说：“妈妈，我可以试试吗？”

“难度很大，你可以和吴伯伯聊聊。”我回答说。

意想不到的是，吴老师真的答应让她试试。

说实话，我和爱人都底气不足，担心女儿做不下来。那天晚上，我们坐下来郑重其事地和孩子进行了交流，目的是让她认识到这事绝不是儿戏，“受人之托，忠人之事”。如果想做，绝不可半途而废。

女儿态度异常坚决，表示一定会拼尽全力做好这件事情，当天就从书架上拿出《论语》研读起来。由此，女儿开始了艰苦卓绝的负重前行，历时 10 个月，完成了翻译的初稿。那时女儿正在西班牙康普顿斯大学学习，于是恳求克里斯蒂娜·马丁内兹老师做了通篇的把关与修改，现在已将终稿交付出版社。

我们相信，整个翻译过程对女儿产生的促进作用是巨大的、难以估量的。

为了表达对马丁内兹老师的谢意，2018 年圣诞节前，我们恳请夏光山先生为老师写了幅字，并附信一封，寄向遥远的西班牙。

尊敬的马丁内兹老师:

您好!

我是宿明月的妈妈。明月这次到西班牙康普顿斯大学学习,遇到您是她的幸运和福气。在与孩子的交流中,得知您给予她很大的帮助,我和孩子的爸爸衷心感谢您!

圣诞节来临之际,我们恳请友人夏光山先生为您写了一幅字(淡泊明志,宁静致远),邮寄给您,祝福您及家人:圣诞快乐! 天天快乐!

“淡泊明志,宁静致远”最早出自西汉刘安的《淮南子:主术训》。三国时,诸葛亮的《诫子书》中也有引用。意为:淡泊名利,才能明确自己的志向;身心恬静,方可实现远大的理想。

明月妈妈　范慧凤

2018 年 12 月 7 日

邮件到达后,女儿自然是翻译员。

后来,我多次跟女儿说:“你已经把中国的经典之作——《论语》翻译成西班牙语了,也可以找一部西班牙语的经典之作,将其翻译成中文。”

2019 年 4 月,女儿发来信息:“我想买 3 本书:《300 个词语的历史》《500 个西班牙语最常见问题》和《西班牙语的灿烂文化》。

研读这 3 本书，对我写毕业论文和申研都有帮助。同时，我还想看看能不能把其中的一本翻译成中文。”我上网查阅，建议她翻译《500 个西班牙语最常见问题》。这是一本工具书，对于学习西班牙语的中国学子来说，一定会有很大的帮助。

我相信，课程学习是一种学习方式，尝试翻译同样是一种学习方式，并且是更积极、更主动、更有效的学习方式。祝愿女儿在翻译这块沃土上收获满满。

2019 年 4 月 26 日

女儿和她的马德里妈妈

女儿去西班牙的头一个月，住在中介安排的学生公寓里。后面的时间需要自己联系住宿，我们建议女儿住寄宿家庭。

我们知道，学习语言最好的办法就是置身于语言环境中。女儿如果能融入一个纯正的西班牙家庭，就拥有了学习纯正西班牙语的便利条件。同时，这也有利于女儿接受多元文化的熏陶，从而开阔胸襟，逐步树立起接纳、包容、并存、互利、共赢的生活理念。

经同学牵线，女儿住进了索丽娜(Sorina)妈妈家。后来得知，索丽娜妈妈一家是罗马尼亚人，他们已经在西班牙生活了20多年。索丽娜妈妈对女儿非常照顾，每天早上煮好咖啡，都会给女儿留一份；平时做好吃的，也总想着女儿。这一切让我们感动不已。这些感动涌动于心头，我将其诉诸指尖，发给女儿，让她翻译给索丽娜妈妈，来表达我们的谢意。

亲爱的索丽娜：

您好！

非常感谢您这段时间对明月的关心和照顾。您让她在异国他乡也感受到了妈妈般的关爱与呵护。

明月能住进您的家庭，是她的幸运，更是她的福气。孩子在您的跟前，您就把她看成自己的女儿吧。

如果她哪里做得不合适，麻烦您及时教育、提醒她。这孩子善良、天真。有您的帮助，我想她在西班牙的学习、生活一定会更顺利，更开心。

就像明月说的："感觉自己很幸运，冥冥之中总觉得有贵人相助。"您就是明月生命中的贵人！我想明月一生都不会忘记与您及家人共处的这段经历。

再次感谢您对孩子的关心与帮助。

明月妈妈

2018 年 11 月 16 日

当明月把信读给索丽娜妈妈时，索丽娜妈妈很感动，让明月转达了她的谢意。

12 月 25 日是西方国家的圣诞节，在西班牙，这是最隆重的节日。我和爱人商量着怎样表达对索丽娜妈妈的感激之情，最后决定用民族特色浓郁的书法作品表达心意。于是，一幅承载着中华传统文化和浓浓谢意的书法作品翻山越洋，在圣诞节之前抵达了索丽娜妈妈家。

亲爱的索丽娜:

您好!

我是明月的妈妈。明月这次到西班牙学习,能住到您家是孩子的幸运和福气。在与孩子的交流中,经常看到您为明月做的各种各样的饭菜,知道您像对待自己的女儿一样对待明月,我和孩子的爸爸万分感激!

看着明月发过来的图片,我们觉得虽然孩子身处异国他乡,但并没有缺少家庭的温暖,因为有您这位异国妈妈一直在照顾着她。

明月好有福气!衷心谢谢您!

圣诞节来临之际,我们恳请友人夏光山先生为您写了一幅字(室雅人和),寄给您,祝您及家人(包括我们共同的女儿宿明月):圣诞快乐!天天快乐!

(“室雅人和”出自魏晋时期中国著名书法家王羲之的《兰亭集序》,意为:“居室雅致,可以使人和气。”)

明月妈妈

2018 年 12 月 7 日

当女儿把礼物送给索丽娜妈妈时,索丽娜妈妈要女儿转达她对我们的“一千个感谢”。

女儿走出国门以后，我们才真切地意识到：与国外朋友的交流姿态、交流方式和交流内容，体现的不仅仅是自己的修养，更代表着中国人的内涵。所以，我们时常提醒女儿要谨言慎行，要把自己最优秀的一面展示出来，不能给中国人丢脸。事实证明，女儿做到了，并且做得非常出色。

女儿和索丽娜妈妈以及她的家人相处得十分融洽。女儿不仅跟着他们学习西班牙语，还学习简单的罗马尼亚语。同时，女儿还担当了索丽娜妈妈一家的汉语教员，教他们认识一些简单的汉字，教他们说汉语。一个小家庭俨然变成了货真价实的“外国语学院”（汉语、西班牙语、罗马尼亚语、英语共存），建立起一个“成长共同体”。女儿和她的索丽娜妈妈也建立起亲密的异国情缘。

我想，这段经历对女儿的影响一定是深刻而久远的，让她从“小家”走向“大家”，从“小爱”走向“大爱”。

2018 年 12 月 18 日

女儿写给爸爸、妈妈的小情书

3月20日，女儿通过微信给我发消息："妈妈，我今天弄了个宝贝寄给您，应该会在您生日之前到达，祝妈妈生日快乐！也祝福爸爸、妈妈天天开心、快乐！"

我不知道这丫头又要搞什么花样，她常常云里雾里地弄得我一惊一乍。

这不，人家又来了一句："这可费了我好几个月的心血。哈哈……姐姐！"

"姐姐？"乱了辈分？常有的事。

一会儿"姐姐"，一会儿"大哥"，一会儿"亲爱的"……这是人家把咱当"闺蜜"，当"老铁"了。咱从心里高兴啊！

我回复她："鸡冻（激动）呀！有个闺女真好，有人疼！"咱也与时俱进，随波逐流，来个时尚版。

女儿发过来一大串"嘿嘿嘿……"，然后忘不了嘱咐一句："慢慢等哈，需要时间。"

3月24日，我收到了女儿寄来的礼物，原来是她定做的一本小书——《时光不语，静待花开》。我迫不及待地翻开书。

在《序》中，女儿写道：

身在西班牙，见不到爸爸、妈妈。（虽然通过视频能看到爸爸、妈妈，但没有触摸感和真实感，算不上真正的见面。）总想给爸爸、妈妈送点什么，就做本书吧，希望爸爸、妈妈通过它可以体会到女儿的爱。现在是西班牙时间23:42。大概是深夜的缘故，人容易矫情，我竟然很冲动地想要订圣诞节回家的机票。这是一篇序，不知道该说些啥，也不知道这本书会写多少页，但无论多少，都是女儿写给爸爸、妈妈的小情书。里面有开心，有难过，有很多回忆、很多秘密，也有很多你们不知道的事，算是回忆录吧，请爸爸、妈妈慢慢看……

今生有幸，可以做你们的女儿；

如有来世，仍然想做你们的女儿。

这段话太感性，让我这做妈妈的瞬间被击溃，满腹感触，满眼泪花……养儿育女的所有辛苦、所有累，在这一刻都化作感动，化作欣慰。

回想女儿的成长经历，最难走的还是那段泥泞的青春期之路。在《中学》这一篇中，她写道：

这段日子是我最不愿意回首的，有伤痛，有阴影，有悔不当初。很抱歉这段日子把我们都弄得伤痕累累、精疲力竭。

那时的我像一堵墙，听不进别人说的话，只知道坚持自己想要坚持的，明知不对但就是一意孤行。谁又能一生都生活得通透呢？如果生活能重新来过，我肯定会有不一样的成长过程。

总感觉那段时间里自己承受了太多的伤痛。现在不想说感谢经历，也不能说忘记过去，毕竟有些事做过了才知道对错，有些路走过了才知道深浅……

也许成长中注定会犯一些不能回避的错误，大概这就是长大的代价吧。不恨当初的自己，更想安慰她，还有曾为此忧心忡忡的你们。

女儿上初中后，我们突然之间感觉她变得不可理喻。她太多的想法与我们的传统思维大相径庭。那段时间里虽然没有像她所说的“把我们都弄得伤痕累累”，但确实彼此碰撞、冲突较多。好在我和爱人都是教育圈子内的人，和孩子们打交道多，加上喜欢看书，积累了一些教育方法和策略。我们和孩子“斗智斗勇”，争取“迂回前进”：既坚守原则，又适度让步；既尊重包容，又疏导匡正；既监督管理，又适当放手，保持距离；既自己教育，又拜托老师、亲朋好友谈心疏导。这样做的目的是想在女儿不觉痕迹的前提下，去引导她、帮助她。

那段时间真不是一个“累”字可以形容。面对种种冲突，我们心中充满挫败感和沮丧感。但是，身为父母，又不能将这些情绪挂在脸上；面对孩子时，只能呈现“谈笑间，樯橹灰飞烟灭”之姿态。这种内外不一的痛苦搞得我们身心俱惫。可换一个角度想想:谁家的孩子会永远正确、永远顺从、永远听话呢?大概"父母"这个词本身就包含着接纳孩子的失态、失误和失常吧。这样一想,我们也就理顺了情绪,心平气和地回归正常的家庭生活。

我们曾经笃定地信奉"好孩子是夸出来的"这句教育名言。养孩子久了才知道这句话用在青春期孩子的身上有时是丝毫不起作用的,孩子连夸她的机会都不给。这时,我们只能借用李玫瑾老师的"把青春期的孩子当病人看"的理念来平衡亲子关系。"退一步,海阔天空。"让她几分又何妨?在大方向不错的前提下,不和她一般见识,更不和她较劲。既然女儿注定是一朵"带刺的玫瑰",那只能把她看作是上天特意派来修炼我们的。父母对孩子的爱原本就是无条件地给予、接纳和包容,所以我们能做的、要做的就是坚守初心,怀揣希望,等待等待再等待!等待春和景明;等待云开雾散;等待这朵"带刺的玫瑰"通过内心的自我成长穿越那堵自设的墙,然后在明媚的阳光下一点点地绽放……

现在,读着女儿写给我们的小情书,宛如徜徉在女儿的情感世界。眼下女儿已走过偏执,走出迷茫,推倒了那堵挡在她面前的墙,在湛蓝的天空下自由绽放。她简约、大气、阳光、自信,散发着青春的朝气和独有的光芒。她已经与过去的自己和解,有想法、有问题时积极与我们沟通,听得进我们的建议。更可喜的是,她已经勾勒出自己的人生规划,明确了自己的奋斗目标,正以看得见的实际行动雕塑着自己美好的未来。

在《关于生活》一篇中,她写道:

我相信会有一个自己想要的未来。虽然现在还不敢憧憬太多，也感觉现在依然是在雾里看生活，但我相信世界上会有比水还纯净、透彻的生活存在。我想靠近它。

养孩子，到了这一步，真的可以“闲庭信步”，静待花开了。

孩子的这段经历让我深刻体会到：人不仅会有身体的成长痛，还会有心理的成长痛。这是生命发展不可缺少的历程，也是孩子逐渐脱离父母、走向独立的自然过程。记得有位哲人说过：生命就是一次从沉睡到醒来的旅程，每个人会在适当的时间、适当的地点，以适当的方式醒来。如果爱不能唤醒你，那么生命就会用痛苦来唤醒你。这种唤醒不是父母的苦口婆心，不是父母的言传身教，而是孩子自己去体验生命之痛。痛定思痛，孩子才会迎来生命的拔节、抽穗、扬花和结果。

因此，父母送给青春期孩子的最好礼物就是始终如一的爱和持之以恒的守护。尊重孩子成长的自然性，接纳孩子的不完美，让孩子在冲突、犯错、受挫、反思、顿悟、改错的经历中，逐渐实现内心的觉醒、蜕变和成长。这既是家长对孩子的最好陪伴，也是家长对自己心灵的最好安放。毕竟我们也是从孩童时代走来，只是成年后，特别是当了爹、娘后，大多忘记了当初的挣扎。

2019 年 4 月 20 日

遇见儿子

儿子，你是上苍赐予我的最珍贵的礼物。你顽皮、活泼、可爱，处处洋溢着生命的律动，给我强大的力量，引导着我向上、向善、向阳，成长、成长、再成长……

女子本弱，为母则刚。你的到来，触碰了我潜藏心底的浆泵，满满的爱融化在凝望的眼光、温暖的怀抱、牵引的手掌、喂养的饭汤之中；你的到来，让妈妈再次回归生命之初的纯真，重历一段简单、清澈的好时光。

与你相伴的岁月将我们的生活发酵成一缕缕阳光，温暖中散发着芳香。

感谢有你，亲爱的儿子！遇见，是最美的情缘。

童言　童语　童视界

妈妈，你上班也有作业吗？

儿子：妈妈，你上班也有作业吗？

妈妈：有啊。

儿子：什么作业？

妈妈：备课、上课、改作业……多着呢。

儿子：那我怎么没见你在家里备过课啊？

妈妈：上班时间妈妈就把该干的干完了。晚上在家里陪你做作业，就是妈妈的家庭作业呀。

儿子：我要是没作业就好了。

妈妈：上学都是需要做作业的，这是学生的任务。不仅要做，而且要做好。

儿子：知道了。

2010 年 11 月 2 日

童言无忌

晚上,陪儿子看书。书中有一道题目:把大、中、小 3 个苹果分别分给爷爷、爸爸和儿子,应该怎么分?我问儿子:“如果是你,你要哪一个?”

儿子说:“我要最小的。”

我心中窃喜,又问他:“为什么?”

他说:“大的我吃不了。”

剩下的只有我暗自觉得好笑。

此时给他讲孔融让梨的故事吗?

我还是先尊重 6 岁儿子的真实心理吧。

2009 年 9 月 17 日

哪一针疼?

今天,带儿子去打防疫针。打之前,他问我:“这一针疼还是上一针疼?”

我说:“你只有自己打完针后才能知道。”

过了一会儿,他又问我同一个问题。我知道他是有些害怕,于是说:“可能上一针疼吧。”也许这样回答对他是一种心理安慰。

打针时,医生让我夹住他的腿。我故意大声说:“不用,都这么大了,上几次都没有哭。”我是在暗示儿子他很勇敢。

他真的没哭,可我知道他还是有点疼。

打完后,我问他:“这次疼还是上次疼?”

他说:“这次疼!”

也许是时间的流逝疗愈了他上一次的疼痛吧。

2009 年 9 月 24 日

我是从哪里来的?

上幼儿园的儿子吃晚饭时突然说:“我们班的 × × × 是从垃圾堆里捡来的; × × × 是从石头缝里蹦出来的; × × × 是从河里捞上来的……”

听到这些话后,女儿接着反驳他说:“小孩子都是从妈妈肚子里生出来的。”

我告诉他们说:“小宝宝都是在妈妈肚子里长大,然后通过妈妈的产道生出来的。”

告诉孩子这些时,我只是有些不明白:时至今日,为何还有那么多的家长不能告诉孩子“我是从哪里来的”的正确答案。像儿子所描述的这些情况,可笑的不是孩子,而是孩子的家长。向孩子描述一些客观的、真实的科学知识更有助于孩子的成长。

2009 年 10 月 15 日

儿子对大雪的情怀

被窝中

听我说下了大雪后,儿子立马睁开惺忪的睡眼,神情惊喜,一个鲤鱼打挺起床穿衣。

“妈妈,我能感受一下雪吗?”

“当然可以!”

起床后

打开窗户,儿子发出惊呼:“哇,好大的雪!”他伸手捧起阳台上的一堆雪,我捏了一些放在他的鼻子上,凉得他咧嘴大笑。他反手捏了一些放在我的鼻子上,我们大笑起来。

院子里

儿子用手捧,用脚踢,用脸感触,用嘴尝。

“妈妈,我能拥抱一下雪吗?”

“拥抱? 当然可以!”

他趴在了厚厚的雪地上。

去幼儿园的路上

我要他上车,他不上。踏着厚厚的积雪,听着脚下咯吱咯吱的响声,他是那样开心,那样快乐!

他那种对雪的情怀感染着我，我也十分开心、快乐……

哈哈哈，娘俩笑成一片，快乐真的可以传染。

希望又落空了

天气预报：“受冷暖气流的影响，山东将迎来今冬第一次大范围的强降雪天气。”

两个孩子盼望着，盼望着……

在两个孩子的心目中，最美丽的季节就是冬天。只有冬天才有可能滚雪球、打雪仗；才有可能在一片银白色的世界里自由自在地嬉戏、欢笑；才有可能随心所欲地堆雪人；才有可能踩着雪白雪白的积雪，聆听咯吱咯吱的脚步声，并欣赏自己歪歪斜斜的脚印……

昨天晚上，我对孩子们许诺，如果明天雪下得足够大，午饭时我带他们去玩雪！两个孩子欢呼雀跃起来，带着大大的希望进入甜蜜梦乡……

我今早一醒来就来到窗前，结果真是扫兴……地上一片雪花也没有，天放晴了！

唉，等待一场大雪怎么这么难？

孩子们的希望又落空了。

看来有时愿望的实现还得天公作美才行。

2010年12月14日

你也不多关注关注我

晚上,儿子要我陪他睡觉,我没同意,他转而求他爸爸,他爸爸教训他。

“自己睡!知不知道爸爸、妈妈很累?”

儿子开始耍无赖:“你们光关注自己累,也不多关注关注我,知不知道我也很累?”

“你累?你干吗了?”

“你看,我每天都要亲你们……”

一听这话,我们没憋住,笑喷了。

“那你以后就别亲我们了。”

“那可不行。‘正道少年’的老师要求我们每天都要给爸爸、妈妈一些爱!”

瞧,俺这臭小子,真是“常有理”!

2014年2月18日

你不是老人

晚上,爱人让儿子泡脚。儿子淘气,到处转悠,爱人做生气状。

爸爸:嘉嘉,听话,不要让老人生气。

儿子:你不是老人。

爸爸:爸爸都40多岁了,就是老人。

儿子:不会吧?你又没有长胡子。

爸爸:胡子?爸爸有啊。

儿子：人家诸葛亮40多岁时胡子这么长！

儿子用两只手比画着。

爸爸：爸爸没留。

儿子：诸葛亮50多岁就死了。爸爸，你也快死了吗？

爸爸：不会的。爸爸要永远陪伴嘉嘉。

儿子：真的？

爸爸：那当然。

2010年3月3日

上学第一天

昨天下午，儿子终于等来了上学的日子，高高兴兴地去学校报到。

为了给儿子一种全新的感觉，放学后，我带他去买了书包、铅笔、橡皮、直尺、铅笔盒、水彩笔、拼音本、图画本等。

买完学习用品，儿子开始提要求：

“妈妈，我今天表现好，你奖励我吧？”

“行啊。要什么？”

“我自己去挑。”

“行，垃圾食品除外。”

快乐的儿子像只欢快的羊羔（儿子是属羊的），推着手推车漫步在超市里，这里瞧瞧，那里看看，挑选着自己喜欢的东西。他最后选定两包海苔、两包饼干、两瓶木糖醇口香糖，心满意足地出了超市。（令人欣慰的是，儿子从小买东西都要买两份，其中一份是给姐姐的。）

看着欢天喜地的儿子，我在想：孩子快乐的理由很简单，一个小小的心愿就能让甜蜜充满心间。

看着儿子开心，做妈妈的当然更加快乐。

2010 年 9 月 14 日

馊主意

吃午饭时，女儿抱怨："考试时，同桌老想抄我的，烦死了！"

孩子爸爸调侃道："他抄你的，是他不对，不过这也说明他相信你呀。"

我没往深处想，说道："考试抄袭是自欺欺人，有什么意义？"

我想起自己上初中时，一个男同学学习不太好，他的前位是一名女同学。考试时，男生想抄前面女同学的，女同学不让，男生急了，画了一张漫画骂她，结果搞得两人都不愉快。初中阶段的男孩子正处在青春期，有时是很损的。

儿子插话："姐姐，我给你出个主意。你先把答案写成错的，等他抄完了再改过来。"

"对对对，这主意不错。"女儿接过话茬。

全家人大笑，孩子爸爸说："你这是什么馊主意！"

笑过之后，我郑重其事地对女儿说："千万不可以！考试时间有限，那样做不仅害了同学，更害了自己！"

也许是因为我在中学待了多年，监过很多次的考，面对孩子的抄袭现象，我觉得没什么不可理解的。每个孩子都想做到最好、拿到最高分,不会时想抄点也不是什么天大的错误。所以,我监考时如果碰上孩子想有“小动作”,只是给予暗示,让他不抄就可,不会上升到“道德败坏”“品行不端”的维度。毕竟他们只是成长中的孩子。

2010 年 11 月 11 日

让我们以男人的方式决斗吧

很喜欢儿子与爱人玩耍时说的一句话:“让我们以男人的方式决斗吧!”

在两个孩子的成长过程中,我深切地体会到:男孩和女孩不一样,一个孩子一个样。在教育孩子的过程中套用现成的,或者将以前在一个孩子身上有效的方法用在另一个孩子身上,几乎是徒劳的。

女孩就是女孩,男孩就是男孩,养育的方式方法几乎完全不一样。

“让我们以男人的方式决斗吧”充分体现了男孩的豪气与强悍。我喜欢并希望儿子有一种硬朗的挺拔感。

让自己学着以培养“男人”的方式培养儿子吧,力争为社会、为家庭培养出一个像高山一样沉稳、像白杨一样挺拔的男子汉!

2011 年 3 月 9 日

从课堂的视角观察孩子

昨天,儿子所在的学校进行“家长开放日”活动,我跟着孩子在学校待了一上午,听了3节课。透过课堂看孩子,我发现了日常生活中不曾发现的孩子的另一面。

第一节是丁老师的语文课,上的是《称赞》。故事讲的是:小獾学做小板凳,虽然很认真,但小板凳做得很粗糙。小獾有些泄气,但小刺猬称赞小獾做得“一个比一个好”。小刺猬的称赞给了小獾自信,到傍晚时,小獾已经能做出漂亮的板凳了!小獾把自己精心做的板凳送给小刺猬,对小刺猬表示感谢。小刺猬把自己背的红苹果送给小獾,称赞小獾坚持到底的意志品质。听完丁老师的课,我由衷地佩服她:一篇小小的短文竟被她演绎出接连不断的精彩!在老师的引领下,绝大部分孩子思维敏捷、发言踊跃,参与度很高,这在小学低年级段是难能可贵的。

第二节是亓老师的数学课,讲的是除法的应用与运算。亓老师思路清晰,在培养孩子的数学思维方面做得很到位。

第三节上的是品德与生活课。

这3节课中,桓嘉在第一节课表现得最好,注意力集中,回答问题比较积极,读课文也很流畅。但我也发现:桓嘉在知识拓展方面尚有欠缺。比如:老师让学生看图片,问“粗糙”表现在哪里、“泄气”是什么意思时,桓嘉举手不够积极。我想这应该是因为孩子的平日积累不够多:一方面是阅读量少,另一方面与我们的引导有关。第二节课,他表现也算可以,只是注意力不如语文课集中。第三节课,那他真是随大溜了。当然这不完全是孩子的原因。

课后,我让孩子进行自评。孩子倒是率性:“语文课上的表现最好,品德与生活课上表现不好。”“哪儿表现不好?”我紧追着问他。“我有时站起来大声说话,对老师不够尊重。”我接着说:“既然知道自己做错了,就要改呀!”“一定!一定!”孩子连声答道。我也把我的感受告诉孩子,这也算是该称赞的称赞,该引导的引导,该批评的批评了吧。帮助小学生建立起课堂的秩序感,不仅是老师的责任,也是家长的义务。

毕竟属于家长的“开放日”并不多,我们应该珍惜走进课堂的机会,以充分了解孩子在课堂和学校里的表现。

2011年10月25日

粗养儿子

对于儿子来讲，我是个标准的大龄妈妈，在养育儿子的过程中，少了许多一惊一乍，对小孩子的呵护不是很精细，更多时候显得有些散漫。孩子穿戴也不讲究，小手、小脸有时脏乎乎的；吃起饭来有时连筷子都不用，狼吞虎咽；穿着鞋子上沙发、窗台，还有其他一切可以上去的地方。看着活蹦乱跳的儿子，我有时既生气又无奈。儿子身材小，行动非常敏捷，想抓住他很难。这时候，我也懒起来，自嘲道："由他去吧！"因此，很多时候，儿子就像一只脱缰的小马驹，有了更多的自由。

不上学的时候，儿子在院子里与一群男孩子玩得非常舒心。三四岁时，他屁颠屁颠地跟在大孩子后面。奇怪的是，大孩子不让其他小孩子跟着玩，嫌他们碍事，却乐于让儿子跟着。院子里的大人都很好奇，我也有些不解。经过仔细观察、琢磨，我终于明白：儿子不娇气、懂谦让，知道怎么让大哥哥们高兴（这是他从小和姐姐一起玩练出来的本领）。我也乐于把儿子放出去，让他跟着大孩子疯玩。于是，儿子成了那一帮男孩中的主力队员，几年下来,竟成了骨干力量。打卡、踢球,玩悠悠球、陀螺、滑板,他样样精通;爬墙、和泥、玩水,他事事掺和。所以,儿子今天是“小泥孩”,明天是“小灰孩”,后天说不定变成了“水孩子”……

有一次,几个男孩在小区的绿化带里用浇花的水管喷水玩,让管绿化的工作人员喷成了一群“落汤鸡”。可没几分钟后,孩子们又去捣乱了。对男孩子来说,水的魔力真是太大了。还有一次,春节后,孩子们在院子里用砖头垒了个灶坑,把树叶、废纸弄来点火玩。儿子拿一根树枝挑火,以便让火烧得更旺,不想烧着了附近的一棵小棕榈树。这次儿子真的害怕了,哭着不敢回家……

类似的事情,对儿子来说,真是太多太多了,三天三夜也说不完。好在儿子不娇气,不管好事、坏事,回家很少说给大人听。有时看到儿子脸上、手上、脖子上有划痕,问他是怎么回事,他或者说不知道,或者轻描淡写地说和谁谁谁打仗了。男孩子嘛,“肢体动作”是他们解决矛盾的途径之一,我也没有必要多问。也许他们“战斗”时留下的泪痕还没擦干,就又成了好伙伴。

记得儿子刚上学不久脸就被同学抓破了。第二天我去接儿子放学时,儿子的班主任老师特意问我发现了没有,我说:“常有之事。次数多了,也就懒得去问了。”班主任老师开玩笑说:“范老师,您到底是不是孩子的亲妈呀?”

面对这种事情,亲妈又能怎样呢?找他的小伙伴算账?我做不出来。不让孩子和同伴玩?我不能做。既然如此,那就随他去吧。只要孩子不发生大的危险,随性玩耍是最快乐的事。

现实生活中，人们喜欢买散养的鸡、鹅、鸭，我想应该是喜欢那份绿色、纯真和天然吧。

同样的道理，孩子也是适度放养、粗养的好。在阳光下、风雨中“野蛮生长”的孩子会比在“象牙塔”“水晶宫”中被精心呵护的孩子具有更强的生命力。粗养孩子，即少给孩子限制与约束，在时间与空间上多给孩子活动的机会和自由，让孩子在自由活动中自然地学会与他人相处，学会解决问题，逐渐成长为独立自主、身心健康、人际关系和谐、能承担责任的人。通过这种方式培养出来的孩子，通常具有更强劲、更持久的生命力。

2011 年 4 月 28 日

子连母心

2010年5月7日上午8:30,桓嘉在市医院做小儿疝气手术。

虽然手术前通过网络、咨询医生知道疝气手术是个小手术,但我心里还是很紧张。当医生从爱人怀里接过孩子迈进手术室的一刹那,一股酸酸的感觉涌上我的心头,眼泪一直在眼眶里转啊转。在楼梯口等待的病人家属很多,于是我赶紧走出楼梯口,来到空旷处,让眼泪畅快地流了出来。待情绪平复后,我回到手术室门口等待儿子……

什么叫“母子连心”?什么叫“牵肠挂肚”?什么叫“度秒如年”?在那一刻,我都深深地体会到了!

9:20,儿子被推出手术室。看着儿子斜侧着脑袋静静睡着的样子(麻醉药效未过),我心里稍微放松了一些。10:00,儿子睁开眼睛。10:30,儿子说口渴,要喝水。但是,医生嘱咐6个小时后才能给儿子喝水和米粥。于是,我只好用棉签蘸水、蘸香油,给儿子滋润嘴唇。下午3:00后,儿子一口气喝下一大杯小米粥。

第二天,儿子可以正常进食了。

第三天，儿子露出了笑脸。

第四天，儿子输完液出院。

第五天，儿子上午在床上玩，下午下床在客厅里玩。

第六天，行走时如果稍微有些弯腰，刀口会疼。

第七天，行走时已没有不适。我中午下班时，儿子跑到 3 楼迎接我。

看来下周他就可以上幼儿园了。

儿子，看到你现在的样子，妈妈的心才真正放下来。

2010 年 5 月 13 日

手机啊手机，要说爱你不容易

今天是暑假的第二天，桓嘉早早地(5:30)起了床去体育场跑步。回家后因为要上早读课学习英语，他向我要了手机，说查英语单词、语法。20多分钟过去了，我走过去叫他吃饭，发现他慌忙划去了正在浏览的手机页面，一看就知道他刚才在玩手机。我给他检查单词记忆情况，结果17个单词他只写对了11个。边玩手机边学习，效果可想而知。

以学习需要手机为名拿到手机，见缝插针地偷玩游戏，这已经不是第一次了。6月2日晚上做“巅峰训练”时，桓嘉玩上了网络游戏。我发现后，在本子上写下：“从明日起，除发语音作业外，不得让孩子碰手机。发语音作业时，我一秒钟也不离开！对于一个不能进行自我管理的人来说，只能靠管理行动来管理其思想。”可在实际生活中，由于许许多多的家务活需要我做，因此“一秒钟也不离开”我真的是很难做到。

我想：在没有手机的时候，人们能够学习；今天不使用手机，照样也能够学习。学习过程中如有实在理解不了的，可以记下来问老师。

其实，我也知道这种方法有些蠢、有些笨，可在目前状态下也只能如此。

我在期待桓嘉自身的觉醒，期待他能早日学会自我约束，自我管理。

手机啊手机，要说爱你真是不容易！

2017 年 7 月 8 日

赢在青春期

—— 一场蓄谋已久的谈话

儿子进入青春期后，有些事、有些话我想和他聊聊。

在彼此忙碌的短暂闲暇中，总怕收不到好的效果，话也就锁在嗓门里，憋在肚子里。

今天，我因烫伤躺在床上休息，儿子靠在我的床头，与我闲聊。看儿子兴致不错，场景、氛围也适合长谈，我轻轻地问他："儿子，咱娘俩聊聊？"

"聊什么？"

"青春期呗。"

"别提青春期，一提我就烦。"儿子轻声嘟囔。

"别烦，青春期是回避不了的话题。"

"您说。"

关于与异性同学交往

妈妈：妈妈问你，有没有喜欢的女同学？

儿子:没有。

妈妈:有与没有都没关系。这个时期,男女同学之间有朦朦胧胧的好感是很正常的,说明有正常的性取向了。

儿子(一本正经地):妈妈,为什么老师、家长都这么关心这个问题?

妈妈:因为在这个问题上走偏、走错路、犯下错误并悔恨终生的孩子太多太多了,所以老师、家长才格外关心。你姐姐上初中时,我也和她谈过这个问题,那时主要谈的是怎样避开情伤害和性伤害。

妈妈:有句俗话说:“有个女儿怕受害,有个儿子怕学坏。”这话妈妈全体验到了。

妈妈:儿子,你看“男”字怎么写?

儿子(用手比画着):上田下力。

妈妈:对啊,男人是力量的象征,得尽到保护女性的责任。对你来说,这种保护首先体现在尊重女孩上。不说损伤女孩的话,不做损害女孩的事;求学期间,与女同学的交往要保持适当的距离。其次,体现在不伤女孩的心。一旦心里有喜欢的女孩,不要轻易表白,要把这种喜欢深藏心底,化作努力学习、奋发向上的力量,让自己长成一棵树,壮成一座山,将来有能力撑起一个家时,再表白也不晚。轻易表白,对自己、对女孩都会产生情感风暴,最终造成伤害。相反,如果有哪个女孩向你表露这种情感,要记得感谢人家对你的好感与信任,同时要果断地委婉回绝。因为早开的花最终抵不住料峭的寒风,注定有花无果。再次,跟女孩吵架时不能动手，这是作为男人的底线。在与女孩交往的过程中，包括将来自己有了家庭，与爱人之间，有问题可以沟通，有分歧可以争论，但都不可以动手打人。因为动手的唯一后果是使问题进一步恶化。最后，遇到女孩有困难需要帮助时，一定要倾力相助。保护女性是男人的责任。

关于网络使用

妈妈：妈妈不反对你使用网络，但反对你在网络上玩游戏、闲聊，过度耗费精力。

儿子：我们同学都在玩，不信你问问。中午，有几个同学还一起联网玩“吃鸡”呢。

妈妈：玩，可以，但不能沉迷。

儿子：老妈，您觉得我有沉迷的条件吗？

妈妈：别有情绪啊！现在的网络信息鱼目混珠、良莠不齐，不良链接比比皆是，让人防不胜防。说实话，妈妈怕的是网络对你的毒害。再说了，人的精力有限，用在网络上的时间多了，分配在其他方面的精力肯定就少。毕竟学生时代的首要任务是学习。

儿子：知道了，老妈。

关于学习成绩

妈妈：现在在肥城，考重点高中比考大学都难。每年全市有1万多名中考生，重点高中就招2400人。除了特长生，说白了，只有考到全市前2200名，才有考入重点高中的可能。你看，为了你和姐姐上学方便，我们在泰西中学附近租了房子。如果你考不上泰西中学，去别的学校上学，先不说学习成绩，光交通就是个难题。

儿子：我知道，妈妈。你以为我没有压力？

妈妈：有点压力是好事。每个人都要为自己的青春埋单。还有一年就要中考了，妈妈希望你好好拼一把，顺利考上泰西。

儿子：我知道。

关于亲子交流

妈妈：你想想看，等你出去上大学后一年中真正在家和父母相处的时间加起来也就那么几天。所以，我们都要好好珍惜，有话好好说，有事商量着来，谁说得有道理，就照谁的办。

妈妈：青春期不等于逆反期，也不是每个经历青春期的孩子都要叛逆。谁不听父母、老师的建议，一意孤行，到头来谁就会吃亏，走弯路。这是被无数事实证明了的真理。妈妈希望你少走弯路，最好不走弯路。

2018 年 8 月 12 日

后记：

青春期是孩子身心发展的关键期。心理学家斯普兰格称其为“人生的第二次诞生”。青春期的孩子，由于身体和心理发展不同步，加上家长的一些不当做法，因此很容易出现逆反行为。

其实，孩子叛逆是好事，说明孩子已长到寻找、建立“自我”的年龄。这是孩子完成与母亲的肉体分离之后,必须要经历的第二次分离——精神上的分离。但是,这个阶段的孩子心智还没有成熟,理想与现实之间、愿望与能力之间的矛盾对其影响很大。所以,这时的孩子“易燃易爆”,特别需要家长适时关注、及时引导、耐心教育。

第一,家长要遵循“南风效应”的原理,营建融洽、温暖的家庭氛围。多与孩子心平气和地交流,让孩子将自己的感受、想法等说出来。在理解、尊重、支持和信任的基础上,用肯定、赞赏和鼓励来调动孩子的积极情绪,培养其阳光好心态。

第二,家长要站在孩子的角度看问题。尽最大可能理解孩子的心理状态。这样孩子才能把父母当“好友”,遇到问题时才乐于向父母求助。

第三,家长要避免与孩子发生正面冲突。当孩子的言行不合情理时,家长可采取“春风化雨”“以柔克刚”的教育方式,心平气和地与孩子平等交流,动之以情,晓之以理,耐心帮助孩子分清是非。

第四,家长要引导孩子学会换位思考。生活中,家长和孩子发生矛盾,很容易造成彼此之间的伤心、气愤等负面情绪,影响亲子关系。要引导孩子学会换位思考,让孩子重新审视问题,理解父母教育自己的初衷,从而实现“天堑变通途”的愿望。

第五,家长要接纳孩子的不完美。“人非圣贤,孰能无过?”青春期的孩子易冲动、犯错,家长要尽量引导孩子少犯错,但不能苛求孩子不出错。如果要求过高,很可能会让孩子反应过激。接纳孩子的不完美,同时诚恳地请求孩子接纳父母的不完美,是父母与青春期孩子和谐相处的根本。

第六,家长要适度“脱敏”。与异性交往、玩手机都不是洪水猛兽,是时代发展、孩子成长的必然。恰当的做法是正确疏导,同时让孩子多参加一些符合年龄特点的有益活动,给孩子的精力、体力安个家。

第七,家长要理解孩子的不易。初、高中阶段的孩子“压力山大”。书包、作业,考试、名次,加上青春期不可回避的内在冲突,压得他们喘不过气来。家长可以按照孩子在校的作息时间表在家里试一试,哪怕只是在书桌前坐上同等的时间。“感同身受”是不错的教育法则。父母只有真正理解孩子,才能更好地善待孩子,实现亲子关系的融洽。

第八,家长自身要不断成长。如果父母不懂青春期孩子的心理特点,仍然以幼童期的养育方式来面对孩子,孩子肯定会反感,甚至逆反。所以,家长要积极学习家教理论以及优秀家长的教育经验,了解青春期孩子的特点,在尊重孩子人格、选择的基础上,理解、信任、支持、帮助孩子,做到与孩子共同成长。

遇见家书▶

泰戈尔说:“世界上最远的距离不是天涯海角,而是我站在你的面前,你却不知道我爱你。”用这句话来形容亲子关系,尤其是有青春期孩子的家庭的亲子关系再贴切不过。与众多的家长交流发现:孩子进入青春期后,“逆反”成为典型的心理特征,很多时候根本不愿与父母交流,更听不进父母的建议或劝告,情绪化明显,稍不如意就会和父母对着干。

在两个孩子成长的过程中,我经常采用书信交流的方式来处理孩子们遇到的各种问题。实践证明,这种沟通方式既得到了孩子的认可,又取得了不错的教育效果。

写给女儿的信

11 岁生日快乐

亲爱的女儿:

你好！今天是你的生日,你的 11 岁生日!

祝贺你用生命的历程赢取了人生路上第 11 束莹莹的生日烛光。这烛光照亮了我们的小屋,温暖并快乐了全家人。同时,也祝贺你身高已超过妈妈,成为一名美少女。

此时此刻,妈妈心里涌动着很多话,很想与你聊一聊。

首先,让我们设想一下在未来的一年里有可能发生的事情。

2010 年 9 月,你将成为一名初中生。这标志着你已脱离"小孩子"这一称呼,将要成长为一个自立、自理、自尊、自强的小大人。

初中阶段是人生中最美好的一段时光,因为你懂得的知识越来越多,心智发展越来越成熟,对人生、对未来充满了美好的向往。在学业上,夯实初中阶段这块基石会为你将来的腾飞做好充足而必要的准备。可以说,初中阶段是你神采飞扬的阶段,也是你青春飞扬的阶段。

在你步入初中之前，妈妈想告诉你：从小学到初中，有很多的变化需要你适应。初一是转折阶段，你要面对学习内容突增的变化。初中每个课时的学习内容有可能相当于小学时的几倍，这就需要你上课时用心领会老师的授课内容。老师的教学方法也会发生根本的变化，你要注意改变学习方法，变被动学习为主动学习，从高质量完成老师布置的作业到自己有目的、有计划地去学习，真正成为学习的主人。初二是过渡阶段，也是两极分化阶段。学习好的会变得更好，学习差的会变得更差，关键是自己要把握好。初三是冲刺阶段，要进行升学前大大小小的考试，相对来讲，比较紧张。不过我想，凭你的实力，你一定会轻松面对的。

未来一年，你很有可能迎来第一支“女人花”——月经初潮。面对它，你不必期盼，也不必惧怕，顺其自然。到时候，妈妈会给你必要的指导。

其次，交流几个问题。

1. 互赠礼物

现在你们这群六年级的小学生真的不能用“小孩子”来形容了。去参加家长会时，从老师那了解到的一些信息更证实了我的看法。不过，客观地讲，你们只能算“成长中的孩子”吧。就说过个节同学之间互赠礼物吧，学校不提倡、家长不支持自有其道理。第一，求学阶段，你们是纯粹的消费者，没有必要花钱买礼物。第二，同学天天在一起，有祝愿当面表达好了，如果觉得不够浪漫，可以利用手机短信、电子邮箱等工具。我觉得你在电脑上自己设计的贺卡价值最大，因为制作的过程就是学习的过程，上面的文字浸透着你美好的情感。当你的老师、同学、家人看到你自己设计的贺卡时，他们一定会非常开心、快乐。

2. 异性交往

在小学低年级段，男女同学之间似乎界限不是很明显。到了小学高年级段，你就有必要学习一些交往技巧了。为什么在同学之间有了谁和谁在谈恋爱的流言？我想，十一二岁的孩子要真正谈恋爱是不可能的，问题出在有的同学没有掌握必要的交往技巧，没有把握必要的“度”。今天，我与你谈一谈爱的含义。广义的爱是很宽泛的，比如爱祖国、爱人民、爱爸爸和妈妈、爱老师、爱同学……狭义的爱是指异性之间的情爱。你在成长的过程中所接触到的常常是广义的爱。但是，当你成长到今天，如果有个男生问你“你爱我吗”“你最爱谁”之类的问题，你就要动脑筋想一想了，不动脑筋、顺嘴说出的答案，有可能成为同学取笑的把柄，为自己埋下难堪的种子。下面这些小技巧可能会帮助你较好地处理青春期与异性同学交往时出现的一些问题：

(1) 与同学相处时，大大方方，坦坦荡荡。不传、不写小纸条，有话直说。

(2) 不论是心理还是身体，与同学保持适度的距离，不特别亲近谁，也不特别疏远谁。同学就是同学，同学情是一杯醇香的茶，因为清淡，方见悠长。

(3) 远离“坏孩子”。不同的家庭对孩子的要求不同，所以会教育出不同的孩子。你是我的女儿，我可以适时给你必要的教育，但我不能随便教育你的同学。所以，你要学会鉴别好坏，对于

“口臭”“手贱”的孩子，要学会“敬而远之”。

(4)学会拒绝。早恋的苦果我也跟你交流过。我知道你是不会去触碰这些“禁区”的。可是，当有人给你传纸条示爱时，你该怎么办？要学会礼貌地拒绝，做到：一要尊重对方，不张扬；二要态度坚决，不留余地。

明月，你知道吗？你是爸爸、妈妈的女儿，也是爸爸、妈妈的骄傲。你的乖巧、懂事，让爸爸、妈妈省了不少心；你的天真、快乐给了爸爸、妈妈无限的快乐。正如你所说，你是我们的开心果。你在学校的表现也赢得了老师的赞誉、同学的信任。你是一个阳光、快乐的好女孩！

在今天这个特殊的日子，妈妈不仅为你订制了精美的生日蛋糕，还附上一颗永远爱你的心。

你永远都是爸爸、妈妈的好女儿，永远都是爸爸、妈妈最贴身的“小棉袄”！

我们爱你，永远永远……

妈妈

2010 年 1 月 4 日

盘点青春，避开疼

——写给刚刚升入初中的女儿

我亲爱的女儿：

你好！

祝贺你成为一名初中生！这标志着你已长大，步入了人生的又一个新阶段。初中将是你生命中一段重要的历程，妈妈祝愿你在这段美好的时光里写出精彩，收获梦想！

初中阶段是长身体、长见识、开阔视野、丰满人生的重要阶段。在这里，你将逐步找到自己的人生航向、明确自己的奋斗目标。今天妈妈要告诉你的是，无论你做出怎样的选择，爸爸、妈妈都是你最有力的支持者。

记得在你11岁生日时，妈妈曾与你探讨过初中生活的特点，今天我不想重复这一话题。我想说的是，初中、高中，乃至大学阶段都要触及的一个重要话题——“盘点青春，避开疼”。

在学习上我们不会担心，因为你已经养成了良好的学习习惯,知道学习的重要性。让我们放心不下的是你该如何避开干扰和困惑,更健康、更快乐地成长。

下面妈妈想跟你交流几个问题:

1. 克服女孩子小事放不下的缺点,让自己豁达、简约、快乐地生活。

由于性激素的变化,处于青春期的女孩情绪波动较为明显,自己与自己、自己与同学、自己与老师、同学与同学之间,都有可能出现一些不痛快的时候。记住,这一刻要学一学男孩子的粗线条、大写意,不为小事所惑。对于不痛快,挥挥手让其随风而去,这样你就会豁然开朗。心中装的烦恼越少,步履就会越轻盈,精力就会越充沛。无论境遇如何,妈妈都希望你能常怀快乐、达观之心,从容面对发生的一切。

2. 正确认识竞争,准确把握自我,用心营建同学情意。

实验中学充满竞争与挑战。在这里,每个人都将面对挑战自我、超越自我,挑战他人、超越他人的现实。“山高人为峰。”路是人走出来的,我相信自己的女儿在哪儿都是出色的。不过,妈妈要告诉你的是:每一棵绿树都渴望阳光,每一株禾苗都向往雨露。任何情况下,都不要让嫉妒闯进自己的胸膛。同学既是竞争对手,又是学习伙伴。一些情趣相投的同学终将成为自己一生的至交。同学情是一个人的情感世界中十分重要的一部分,你一定要好好珍惜,用心经营。

3. 珍惜初恋情感,避开情伤害。

今天妈妈跟你谈这个似乎早了一点,因为你还不到 12 岁,还只是一个“小女孩”，但妈妈觉得，有些道理你还是早一些明白好。所以，我们就坦白地谈好了。

初恋是人世间美丽而圣洁的情感之花，宛如阳光下晶莹剔透的露珠。正因其美丽，更应小心呵护；正因其圣洁，更应谨慎付出。我想，如果能够将初恋这份美丽的情感带进婚姻的殿堂，牵手爱人走过一世，这将是一个人一生最大的幸福。

孩子，请你记住：“花开有季，收果有时！”大自然的万事万物都有其自身的发展规律，人也不例外。早恋带给人们的感受不仅仅是甜蜜，更多的是苦涩；处理不当会给一个人一生的幸福带来阴影，甚至会影响将来婚姻的幸福指数。求学、求职、求偶、求子，每一个阶段的任务要在相应的阶段完成，不要失时，不可错位。

不过，从青春期开始，请问：“哪个男子不钟情？哪个少女不怀春？”在你的身边可能会出现早恋的同学，你也可能收到男孩的“小纸条”，或为特别优秀的男老师、男同学而怦然心动，这些都在所难免。掌握一些交往技巧会让你轻松迈过这些坎，避开困扰，避开伤痛。面对早恋的同学，不取笑、不传播“小道消息”，“避之”是对同学最大的尊重，因为怎样生活毕竟是个人的事情。万一有男孩给你写纸条表示好感，首先，你要表示感谢，谢谢人家对你的信任与赏识。其次，不张扬，不要将对方置于流言蜚语的风口浪尖上，悄悄解决是最佳途径。再次，回绝不留余地，要干脆利落、不拖泥带水，以免其存有幻想。最后，不靠近，与男生保持适当的距离。接触太多、交往过密，会给别人一种错觉，以致遭到众人的误解。不要轻易向别人表白并不成熟的情感。行动之前，想一想：面对拒绝、面对尴尬，我做好准备了吗？任何轻率的言行都可能给你那颗稚嫩的心带来致命的伤害。孩子，恋爱是你真正独立（能自己养活自己）以后的事情，因为那时你才有能力担当起那份责任与义务。

4. 学会自我保护，避开性伤害。

“养个女儿怕受害”是挂在父母嘴边的一句口头禅。我想这其中主要指的是性伤害吧。我买青春期性教育类的书送给你，在上海科技馆陪你看《生殖的秘密》，其实都是想让你了解人体的自然之谜。我在看到某个男孩写给你的留言时非常生气，但今天想起来，反倒要感谢他，因为他为我提供了一次机会，让我们母女敞开心扉自然、大方地谈论性，从性现象到性后果、性道德、性责任，可以说那是一次比较全面的性教育。其实，性并非老虎，用不着谈性色变。在自然界中，在人类社会的繁衍过程中，性承载着重要而艰巨的任务。可以说，在人类道德规范下、在法定的婚姻基础之上的性行为，就像人们吃饭、穿衣一样自然、正常。只是因为性本身具有隐私性，所以人们才不可能像吃饭、穿衣一样口无遮拦地去谈论。健康的性行为是和谐婚姻的基础，是健康家庭的组成部分。我认为，在初中、高中、大学，乃至恋爱期间，只要还没有结婚，就不能与任何人发生性行为。一句话：只有领取结婚证书，才算是取得性行为的通行证。鉴于此，妈妈要告诉你的是：你的身体是你的私有财产，不要轻易让别人，特别是异性拥抱、触摸，包括你认识的亲戚、朋友。任何情况下，若有人想亲近你的身体，试图不轨，请记住：第一，要勇敢、机智，积极反抗，大声呼救。第二,要动心思,与歹徒斗智斗勇,力争以智取胜。孩子,妈妈不希望在你的身上发生任何危险的事情,但不能不教给你一些面对险情的方法。《青春路上的第六颗樱桃》中的小女孩在面对男老师性威胁时的机智与决然,曾让我们娘俩感慨不已。她教会我们:一旦直面伤害,自救是最重要的!现实生活中,有一些方法可以让我们避开性伤害:第一,上学、放学按时,不拖延时间,随人流走大道、直道,不独自走幽暗小道、胡同。第二,不给陌生人带路(路边的警察可以帮助他们),不与同学一起去见陌生人。第三,未经爸爸、妈妈允许,不在同学、朋友家留宿。第四,不与异性单独在封闭的空间里相处,避开与异性身体的直接接触。第五,不看淫秽视频、书刊。明月,你知道吗?妈妈只有看到你穿上漂亮的婚纱,与自己心爱的人挽手踏上结婚的红地毯,才能真真正正地放下心来,算是完成了养育你的任务。

孩子,你是爸爸、妈妈心头的宝贝,我们希望你健康、快乐,像阳光一样明媚,像花朵一样娇艳,像白杨一样挺拔,像松柏一样坚强。希望你活得开心、向上,学习上学得轻松,舞蹈上舞得洒脱,琵琶上弹得尽兴。总之,你的人生你来写!你到底能走多远、攀多高,完全取决于你自己的人生规划与努力程度,没有人可以替代你!“太阳每天都是新的。”你生命中的每一天都不会重复,因为你赋予它们不同的生活内容,涂抹了不同的色彩。我们相信:你一定会用你的智慧、你的勤奋,将一个个平淡的日子编织成一段不平凡的成长历程,书写出一份精彩的人生答卷,来回报社会,回报所有爱你、关心你、帮助你的人。

我们相信你！

最后，妈妈将天下所有的美好祝福都送给你！

宝贝，我们将与你一路同行！

妈妈

2010 年 9 月 8 日

（该文发表于《妇女生活》2019 年第 8 期。）

好习惯让你受益终生

我亲爱的女儿：

你好！

这几天，你正在被腹痛、胃痛折磨着。看着你难受的样子，妈妈除了心疼就是心焦，虽然不止一次地说过你，但似乎收效不大。看得出，已处青春期的你已嫌妈妈唠叨喽！那好，妈妈换一种方式与你交流。学习之余，看看妈妈写给你的信吧。

你现在已是初中生，懂得已经很多了，在某些方面已远远地超过了爸爸、妈妈，成为“宿家第一人”。我们为你高兴，更为你自豪。可是，孩子，你知道吗？优秀与卓越是无止境的，更何况你现在还处于积淀、成长期。客观地讲，你只是“比较优秀”而已。不停地追赶他人、超越自我，才会让你厚积而薄发，一步步靠近“哈佛之门”。

一路走下去，靠的是什么？那就是坚持，永不言弃。无论生活中发生了什么，只要自己心中的信念不倒，梦想就有成真的希望，而好习惯会助你一臂之力。

今天，妈妈就跟你谈两个关于好习惯的问题。

1. 良好的生活习惯

自你出生的第一天起，妈妈就努力用科学的方法养育你，自小你的各项发育指标都是优秀。这是爸爸、妈妈送给你的第一笔宝贵财富。

可是，自上初中以来，一些垃圾食品成了你的最爱。妈妈当然不会给你买这些，更不会给你钱让你随便去吃，可妈妈不能时时跟着你，去阻止同学与你进行分享。每当给你收拾房间、从你书桌的抽屉里捡出一把一把的垃圾食品包装袋时，你知道妈妈的感受吗？妈妈感觉真的很无奈！

孩子，人生所追求的一切都基于健康。前几天，你爸爸建议我多给你些零用钱，以便买小食品还同学的人情，我没同意。我认为：同学的人情不在不健康的食品上。吃不健康食品拦都拦不住，我怎会去加油呢？

明月，你也清楚这不是钱的问题。用钱去买罪受，好像谁都不会去做，可在现实生活中，聪明人却一再去犯傻。

不说别人就说咱：幼儿园时，因为你愿意吃雪糕，妈妈去买了很多质量上乘的雪糕放在冰箱里给你吃。可结果怎样？你不会忘记吧？你因吃雪糕引发腹痛，到了连喝口水都吐的程度。最后，存在冰箱里的雪糕不是都被扔进垃圾箱了吗？这次，腹痛、胃痛的罪魁祸首是谁？饮料！无节制地饮用饮料！孩子，任何时候放纵自己都是要付出代价的。健康饮食是健康生活的基础。花钱买健康，花钱买快乐，花钱买进步……就是不能花钱买罪受！

这次,我们就算花钱买教训吧。

在钱的问题上,我们的态度很明确。正当的开支,我们从不会吝啬。从小到大,你吃的、喝的、穿的、用的,在这些方面,爸爸、妈妈没有心疼过钱。学琴、学舞蹈、学琵琶、学写字,只要你愿意学,爸爸、妈妈都没有阻止过。去参加英语培训、去军事夏令营、去大大小小的旅游胜地,爸爸、妈妈都大力支持。因为我们明白:“读万卷书,行万里路”可以让你见多识广,可以拓宽你的视野。虽然有些项目价格不菲,但我们从没心疼过,因为这钱花得值。当你想明白了这些,就不会因为妈妈不多给你零用钱买垃圾食品而觉得委屈。我说得对不对?

2. 良好的学习习惯

不谦虚地说,你的学习成绩是很优秀的。可进入初中以来,随着学科的增多、作业量的增加,尽管你都能按时完成老师布置的作业,但你是不是有点忙乱的感觉?原因何在?是因为你没有及时调整学习方法,沿用了小学时的学习习惯。

事实上,随着课业内容的变化,学习方式需要不断调整。学习初中的语文、英语,除了日积月累,你应不拘泥于教材,进一步拓宽视野,看一些课外的“闲篇”;学习数学、物理、化学,重要的不是做多少道题,而是对知识点的准确理解和把握,应真正做到融会贯通、举一反三。课前预习、了解本章节的重难点和自己的疑惑很重要,能带着你为寻找答案而听老师讲课。课后复习能够让你提取出知识中的“点”与“线”,构建起各章节的“知识树”,能够让你如登高望远一样,对学过的知识一览无余。

对于数学以及初二将要开设的物理课程中遇到的疑难问题,在寻求答案时,不要一条路走到底。如果一种方法不行,就换个角度考虑,看看已知条件用没用、各条件之间怎样联系以及与要求的结果之间怎样过渡。其实,求解的过程就是探索的过程,这正是理科的魅力所在:钻进去——其乐无穷!你越来越愿学数学就是最好的佐证。

良好的学习习惯还包括学习时间的“紧张度”。挑战繁重的课程,重要的是向时间要“密度”,而不是向时间要“长度”。学就认认真真地学,玩就开开心心地玩,做什么都一心一意,别牵三挂四,到头来学没学成、玩没玩好。做作业时,坐在书桌前,先闭上眼睛做几次深呼吸,将状态调整好再进行学习。学习时效率越高,学习所用的时间就越短,用于其他方面的时间就会越充裕。明月,妈妈希望你永远都不要被课业淹没。你只有在学习中做到游刃有余,才能有机会体验更多的生活乐趣,体验更多的美好。

好了,不说了。临近期末,想必你已经在心里暗暗地“摩拳擦掌”。“响鼓不用重锤敲。”妈妈只是告诉你:我们相信你,期待你的收成,期待你的微笑。

加油,宝贝!

妈妈

2011 年 6 月 17 日

拐个弯,也许就改变了人生的方向

我亲爱的女儿:

你好!

你知道这些天妈妈是怎么熬过来的吗?从看到你笔记的那一刻起,妈妈的心碎了!天天生活在我面前的女儿,心里想些什么,我这做妈妈的竟全然不知!

如果如你所说,你在笔记本上所写的只是编出来用以引起爸爸、妈妈对你的关注的话,那么你的目的已经达到了。可是,孩子呀,你知道吗?你这一招真把妈妈伤得不轻。我真的想不明白:一个处于求学阶段的女孩子怎么会如此沉迷于编写那些子虚乌有的故事?妈妈一生性情耿直,从没有骗过谁。所以,面对你的笔记我蒙了!在那一刻,妈妈泪流满面,伤心至极……那一夜,妈妈辗转难眠……即使到现在,妈妈也还没有从那种伤感中走出来……尽管妈妈仍然按时为你做饭,为你辅导功课,为你做这做那……

你说你制造出这样那样的麻烦,是用以引起我们的关注。难道是我们真的忽略你了吗？这几天我一直在反思：从你呱呱坠地的那一刻起，你就成了我们的希望。从生活到学习，到你长大的点点滴滴……可以说，我们为你付出了全部的爱，给予你我们力所能及的一切。当你怀揣“哈佛梦”时，我们鼓励你，为你搜集哈佛大学的相关信息，让你对哈佛大学有更多的感性认识；当你上了初中，考试失利时，我们帮你分析失利的原因，安慰你，鼓励你，明里暗里跟老师通电话，请老师找你谈心……这些年，妈妈除了工作，几乎全部的心思都用到了你和弟弟的生活与教育上。妈妈没有休闲娱乐的时间，彻底沦陷在养儿育女的琐事之中。好在单位的领导、同事给了妈妈莫大的理解和支持，帮助妈妈一路走过来。这些年，我和你爸爸为你们所做的，有的你们能够看见，有的你们看不见，有的甚至是永远的“秘密”。可以说，为了你和弟弟的成长，我们费尽心思，绞尽脑汁。你也可以想一想：你的失落感从何而来？请你开诚布公地告诉爸爸、妈妈，以便我们调整自己的言行。

人无完人。我们只有在坦诚的沟通与交流中，才能真正了解对方的想法，走进彼此的心灵，成为精神上的亲密者。

至于你为什么会有这种感觉，我个人猜想可能出于下面两个原因：

1. 进入初中后，妈妈对你唠叨得少了。

妈妈认为，随着孩子渐渐长大，父母需要从孩子的成长中慢慢淡出。每一个孩子最终都会离开爸爸、妈妈的怀抱，成为完全独立的个体。我知道大多数中学生嫌家长唠叨。今年暑假我们娘俩交流时,你也流露出嫌妈妈说得太多的意思。所以,我在有意地告诫自己:能少说时当少说,能不说时则不说,谁知你却觉得受到了冷落。这让我们有些左右为难。我们不是圣人,在说的“多与少”之间很难达到你心中需要的那个度,因为你的情绪本身就是多变的,而我们也只是普通人。你想想是不是这个道理?

也请你换个角度想一想:你的言行让爸爸、妈妈满意了吗?在这种状态下,爸爸、妈妈是怎样接纳、包容、善待你的呢?

2. 你觉得爸爸、妈妈对你弟弟照顾得比较多。

丫头,你想一想:你爸爸陪你陪到几年级?妈妈送你上学到几年级?即使到今天,爸爸、妈妈不是还在为你忙吗?所以,今天妈妈再次告诉你:你和弟弟是爸爸、妈妈的至亲,手心、手背都是肉,没有厚薄之分。只是因为你们成长的年龄段不同,我们关注的侧重点会有所区别。

孩子,自小你就是一个懂事、明理的好孩子,爸爸、妈妈对你充满期待,希望你为人正派、性格开朗、努力学习、积极向上。回首你成长的历程,哪一步不是在赞许中走过来的?孩子,这次妈妈生气,实在是因为你的想法与做法让妈妈很愕然。事过之后,妈妈也在反思:与你的深层次交流还有欠缺;对你的教育缺乏负面案例,以致你对事物的认识欠客观、全面。

明月,人生的路很长,重要的只有几步。在求学阶段谈不谈恋爱是其中重要的一步,因为它直接影响着你的心绪、你的学业成绩,进而影响到你的未来。拐个弯,不是简单地多走几步路,有时可能会改变你前行的方向。所以,妈妈希望你在关键时刻能把握好自己，不去放纵自己的感情，不去搅扰平静的生活，不去干伤害自己的事情。

我们愿意听你给我们讲同学之间的趣事，愿意听你的真心话；我们愿意生活在你的情感世界里，成为你可以倾诉衷肠的朋友。

我想你会理解我们的良苦用心，一定会用自己的言行给我们一份满意的答案。我们的宝贝女儿永远都是我们家的“开心果”，永远都是我们的“贴身小棉袄”，你说对不对？

因为你爸爸住院，加上单位工作忙，在疲惫与挣扎中，这封信妈妈含着泪断断续续地写了一个星期。所以，当这封信呈现在你面前时，我们之间已经是“云开雾散艳阳天”了。但是，这些道理，妈妈还是要告诉你，希望你在今后的日子里遇到问题时三思而后行。

妈妈

2011 年 12 月 26 日

需要守护的底线

亲爱的女儿：

你好！

今天妈妈想告诉你，人的一生中有一些底线是需要守护的。作为一个初中生，你有哪些底线必须守护呢？

1. 不犯法，不违纪。

2. 不撒谎，诚实守信。

3. 不是自己的东西不能要（包括感情）。

4. 不早恋，专心学习。

5. 不与异性有身体的接触，洁身自好，守身如玉。

6. 不进网吧，不进黄色网站，不看低俗小说，性情高雅，志向远大。

7. 不叛逆。遇到问题时，多听老师、家长的建议。做事前，先预设“做”将产生的各种后果。

8. 不伤害别人，不伤害自己。

9. 不轻生。每一个鲜活的生命都是人世间唯一的、不可复制的精灵。“生活不止苟且，还有诗与远方。”美好的未来是一座未曾翻越的山、一片未曾跨越的海。好好活着，活出自己的味道、活出自己的风采，翻越那座布满葱绿的山，听鸟儿在花香中浅唱；跨越那片波澜壮阔的海，扬起风帆驶向远方……

现在，距离期末考试还有6周，加油吧！“春种一粒粟，秋收万颗子。”世界上没有白白付出的努力，你流出的汗早晚会变成收获的果。

有时间时你可以写一些文字，在书写中梳理自己的思想，在梳理中找到前行的方向。更希望我们能在文字的行走中进行思想的交流，进而促进我们彼此的成长。

妈妈

2011年9月16日

好女孩的标准

亲爱的女儿：

你好！

看到你春节前后的变化，妈妈很欣慰。一个扎实、上进、乖巧、懂事的女儿站立在妈妈面前，让妈妈真切地感受到：有个女儿真好！尽管成长的道路上有这样那样的问题需要我们共同面对，但妈妈从不气馁。妈妈坚信：明天的明月一定会成长为一个品德、学业、事业、爱情、婚姻、家庭都丰收的“大写的明月”！

现将妈妈心目中的“好女孩的标准”送给你，希望你好好领会其中的含义。其中的要求，你能做到的越多就越优秀。孩子，路在你的脚下，每一步你都要想好、走好，特别是关键的几步，如求学、择业、婚恋、生子等，更要走好。

妈妈祝愿你今后的路越走越宽阔，越走越通畅！

好女孩的标准

自尊：自我尊重，既不对别人卑躬屈膝，也不允许别人歧视、侮辱。自信、乐观,健康向上。

自爱:尊重自己,修身养性,内塑心灵,外塑形象,做最好的自己。

自强:积极向上,不向困难屈服,不向庸俗低头,立志笃行,锲而不舍。

自立:有主见,立志成才。人格上、经济上自立,担得起自己面对的人生责任。

自律:分清人生四季的任务。求学时不早恋,婚恋时感情专一,工作上积极上进。

简约:不矫情,做事果断;今日事今日毕,不拖泥带水;不沉湎于无意义的是是非非。

大气:知书达理,胸怀宽广,善待他人,举止大方,谈吐优雅,言行光明磊落。

善良:善解人意,通情达理,性情温和,善待他人,有涵养、有气质。

孝顺:尊重父母,理解父母,体贴父母,帮助父母,与父母以心换心。

尊贵:有梦想,不放弃;有追求,不气馁;有成就,不张狂。

妈妈

2012 年 2 月 22 日

后记:

我找了一家复印社,把“好女孩的标准”做成了一幅漂亮的挂图,在女儿 13 岁生日那天送给了她,把它挂在了女儿卧室的墙

壁上。

爱人说我这样做给女儿施加了太大的压力，但我坚持我的育儿观点：“国有国法，家有家规。”“不以规矩，不能成方圆。”我相信我的观点与做法对女儿的成长是有益的；我也相信，随着女儿年龄的增长和认知的发展，她最终会理解妈妈的。

事实证明，“好女孩标准”对女儿起了一定的规范、教育作用。有些成长是需要流着泪，甚至流着血完成的。不仅是女儿，我们每一个人，都是如此。

希望明天泰西以你为荣

——写在女儿升入高中之际

亲爱的女儿：

你好！

按“正道少年”的活动要求，在最后一个环节，家长要送给孩子一份礼物。送什么呢？毛绒玩具？你房间里的毛绒玩具已经太多，多到碍手碍脚。芭比娃娃？它一定是你最想要的，可在这特定的教育场景中，送你一个芭比娃娃又显得不合时宜。思来想去，妈妈觉得还是送你一颗“挚爱你的心”——带着满满的爱为你写一封信——更为贴切。

面对此情此景，妈妈真的有很多话要跟你说，希望你能认同。

很高兴看到你的成长。应该说，今年暑假你还是很努力的。

首先，托福培训让你收获颇丰，这也是我和你爸爸没有预料到的。从这里可以看出，我们的女儿潜能无限，犹如一座金矿，待开发指数很高。让我们更为欣慰的是，在培训班里，你结识了一批积极上进的人。结识、交往什么样的人,自己就有可能成为什么样的人,要不怎么会有“近朱者赤,近墨者黑”之说?一只生活在井里的青蛙只有跳出井外,才知道井外的天地有多大。一个人只有登上泰山之巅,才能领略“一览众山小”的风光。随着你人生阅历的不断增加,你终将会明白:芸芸众生是按照“人以群分”的规则来分层的。你能走到哪个层次,取决于你的努力程度。

其次,琵琶考级,你通过了10级,可喜可贺!你的努力和付出,爸爸、妈妈都看在眼里。我们知道自己的女儿很优秀,也坚信将来的你会更优秀。

爸爸、妈妈一直把你和弟弟放在相对开放的教育环境中培养,目的就是希望你们能成为全面发展的人。鼓励你们参加“正道家庭”与“正道少年”培训、去泰安看望“儿童幸福院”的孩子、报名参加志愿者、去社区义演、去打一份工等,都是基于这一理念,希望这些活动能对学校教育有所补充。爱父母、爱弟弟、爱老师、爱同学与爱学习同等重要,我们希望你随着年龄的增长更懂得理解、体贴别人,更多地帮助父母、帮助弟弟、帮助他人,这会让大家真切地感受到你的聪慧、你的善良、你的温度,觉得你值得接近与交往。你说是不是?

还有几天就要开学了,我们的小明月就要成为高中生了。回想你迈进实验中学的大门,似乎就在昨天。一眨眼,3年过去了,你们同学已经有了第一次明显的分化,已经站在了不同的跑道上。3年后的高考,将是同学之间第二次明显的分化。3年后似乎还很遥远,实际上只是弹指一挥间。所以,高考这一战役对你来说并不遥远,需要你从现在开始做好拼搏、冲刺的准备。

现在,你可以在内心深处问一问自己:“高中3年,我会以一种怎样的状态来学习?”给自己一个明确、清晰的答复吧!虽然不能说“一考定终身”,但不同的学校聚结的人群是不同的,教育资源也是不同的。说得通俗一些,你乘坐的班车不同,到达的终点就会不同;说得长远一些,每个人将来对国家、社会、人类的贡献就会不同。

孩子,一个人拥有梦想很容易,但将梦想变成现实很难很难。对于那些不善于管理自己、不知自我加压的人,实现梦想更是难上加难。不过我们相信:我们的女儿是“立志笃行,锲而不舍”的人。高中3年是奋斗的3年,也是你积淀、成长的3年,希望你能舍弃杂念,管控好情感,专注于学习。“人生难得几回搏”,我们希望你3年后能打赢高考这一仗,步入理想的大学,去追逐自己的梦想。

“今天,我以泰西为荣;明天,泰西以我为荣。”这是历届泰西学子掷地有声的铿锵誓言。我们希望“正道”归来的你在泰西中学老师的谆谆教诲下,在学兄、学姐的带动下,扎实学习,不辱岁月,3年后能给母校交出满意的答卷,实现自己的人生梦想。

我们希望:明天,泰西以你为荣。

晚安。

永远爱你的爸爸、妈妈

2013年8月22日晚

附：女儿参加“正道少年”培训活动时写给爸爸、妈妈的信

亲爱的爸爸、妈妈：

女儿不是第一次给你们写信了，但我认为这一封是我的肺腑之言。

首先，谢谢爸爸、妈妈给了我参加这次活动的机会。与众多同龄人以及比我大、比我小的朋友在一起，我更能体会到来参加这次活动的不易。

爸爸、妈妈，你们说得对，以前女儿的确是一个“语言上的巨人，行动上的矮子”。就在前几个月，我刚从济南参加完托福培训回来，很开心地对你们说：“女儿已经被这次培训改变了三观。”但是，在行动上我并没有什么大的改变……这个假期我没有作业，压力很小。于是，在后面的一个月，我放弃了用功，只是看书、玩，忘记了自己应该做的事，忘记了自己制订的计划，总觉得假期还长，那些英语短文什么时候背都可以。现在离开学只有不到两个星期了，我背熟的却很少……我真的很后悔。

还有，我对不起爸爸、妈妈，是女儿的懒惰没有让你们感受到养育儿女的欣慰。你们每天不光辛苦地上班，还要照顾我和弟弟生活的点点滴滴，这一切是我和弟弟永远无法与你们等价交换的。昨天爸爸让我帮妈妈洗碗，我却拒绝了：“今天又不是双休日……”女儿说出了一句不该说的话。对不起，爸爸、妈妈，我不会再让你们因为这些事情而难过，会尽自己的力量孝顺你们。等你们老了以后，我会把你们接到我的身边，好好照顾你们。

妈妈，是女儿不好，让您担心了那么长时间，甚至还担心我的

以后。我知道我深深地伤了您的心。但是,妈妈还有爸爸,我保证以后会战胜自己,不再做傻事了。我会为了我的梦想而奋斗,我会用尽我的全力去奋斗!我不会再让你们失望,也不会再让自己失望。我要做一个行动上的巨人!相信我吧,爸爸、妈妈,女儿真的改了。

这是我心里想的,我知道你们最担心的是什么。不多说了,说得再多不做也没用。

亲爱的爸爸、妈妈,我爱你们到永远。

你们的女儿 宿明月

2013 年 8 月 23 日

放空心灵　快乐成长

——写给上高一的女儿

亲爱的女儿：

你好！

中午看到你因为这次期终考试而压力巨大，我有些担心，想和你聊聊。

在你成长的过程中，爸爸、妈妈一直鼓励你，但这不是给你施压。物理学上著名的胡克定律告诉我们：在弹簧的弹性限度内，弹簧被拉伸的长度与受到的拉力成正比。所以，当你学习不专注时，爸爸、妈妈就会激励你："努力，努力，再努力！"可是，当我们看到你因考得不好而压力巨大时，除了心疼，还得给你"松松绑""减减压"。

孩子，请你记住：永远不要因为别人成绩比你好就有压力。要比就和自己的"昨天"比，只要自己今天比昨天懂事了、进步了、成长了，就应该高兴，你说对不对？永远不要让别人的言行左右自己的情绪。

世界很大。伴随着你学业的进步,与你为伴的群体会越来越优秀,随之而来的竞争也会越来越激烈,这就需要我们学会梳理自己的情绪,放空心灵,快乐成长。

1. 莫嫉妒。

“山外有山,人外有人。”只有与同学同生同长、互补共赢,才能共同进步,共同成长。

2. 巧释放。

当内心充满焦虑、不安等情绪时,要学会管理自己的情绪,通过阅读书籍、聆听音乐、与朋友交谈,缓解、释放不良情绪,给自己的心灵腾出空间,好让阳光照进来,这样你就可以拾回轻松、快乐。

3. 善调整。

生活中有很多东西不是我们想要就能得到的,当努力了还是遥不可及时,我们就要学会调整、学会放弃。只有学会甄别自己的长短板、强弱项,让长板更长、强项更强,才能收获一个散发独有光芒的自己。

4. 懂珍惜。

知足常乐。怀着一颗感恩的心审视自己的内心和生活,就会拥有幸福感。譬如妈妈,拥有一份教师的工作,拥有一个幸福的家庭,拥有一个阳光漂亮的女儿,拥有一个活泼可爱的儿子,我感觉非常满足。我常常感念于上苍对我的眷顾,感念于家人、友人对我的帮助。对于生活,除了感恩,我更多的时间选择努力。在努力的过程中,所有的疲惫与艰辛都淡化成了空气,沉淀下来的是不菲的收获和满满的美好回忆。

再来看你，爸爸、妈妈这么爱你，弟弟这么依赖你，老师这么关心你，这一切多么难得啊！舞蹈、琵琶、钢琴、吉他，你样样精通，这一切多么让人羡慕！虽然你的学习成绩不是班里最好的，但你的全面发展也不是一般人所能拥有的。在爸爸、妈妈眼里，你已经很优秀了。妈妈曾经多次对你说：无论你去北大、山大，还是泰山学院，对我们来讲，没有太大的区别，因为我们首先想要的是一个身心健康、阳光快乐、积极进取、不畏艰难的女儿，这对我们来说才是最重要的。你如果给自己预设的期望值太高，感到力不从心时，可以适度调整，永远不要做以牺牲身心健康为代价的傻事。在爸爸、妈妈的理念中，人也是要讲可持续发展的。

今天的你已经很优秀了，你已经足够让爸爸、妈妈骄傲。希望你学会自我调适，为自己松绑、减压。“空杯归零”的心态会让你更从容，更高效。从今天起，试着晚上11:30前睡觉，不能再超过12:00，健康的身心状态会让你张弛有度，事半功倍。

亲爱的女儿，心里有什么不痛快，随时可以向爸爸、妈妈倾诉，我们永远都是你忠实的“死党”和朋友，也许我们的建议会助你一臂之力。

晚安，好梦！

妈妈

2014年1月16日

路在何方

——写在文理分科之际

明月:

你好!

昨晚谈到文理分科时,你认为妈妈的分析是在打击你。

孩子,你错了。你是妈妈的孩子,我没有理由去打击你,打击你无异于打击我自己。

妈妈能做的就是帮你适当地梳理。妈妈不止一次与你谈论过你的未来,也不止一次给你分析过你的学业、职业趋向。每次你都能领悟,也能认同。但是,在如何才能达到目标上,妈妈认为你做得还不到位(说白了,这不是能力问题,而是态度问题)。在你的身上,妈妈看不到那种“志在必得”的倔强劲儿,看不到那种“我立志,我笃行”的持之以恒的精神。(是不是被击中要害了?)

今天,我还是想就你的学业规划与你进行交流,因为你正面临文理分科。站在这个人生的岔路口,你必须进行一次关乎未来的抉择。

一直以来,我和你爸爸对你将来学文、学理都没有固定的想法。我们尊重你的兴趣和爱好,尊重你最终的选择。即使现在,我们也只是与你探讨、分析,希望能给你一些建设性的意见,缩短你的迷茫期。

一个人要做一份工作养活自己。

一个人能做一份稳定的工作是一份运气。

一个人能做一份稳定的、自己热爱的工作是一份福气。

这段话告诉我们一个道理:如有可能,就去做自己喜欢的工作。换句话说,就是发挥优势,让长板更长。在“乐中做”是干事业最理想的境界,也是最惬意的生命过程。

明白了这个道理,接下来要做的事情就是静下心来,透彻地剖析一下自己:自己的优势是什么?自己能发挥优势学什么、做什么?

这种剖析现在到了非做不可的时候了。

据我观察,你思维方式比较感性,学习文科课程优势较大,况且你的英语非常出色。如果学文科,语文、外语两科不在话下,数学也不弱,平时及假期里再强化强化,问题不大。历史、地理、政治3科,需要记忆的东西较多,我们感觉你对此比较有把握。如果学理科,要想考取一所理想的大学,相对来讲难度较大。“理综”这道坎能不能突破,你要客观地分析一下,给自己一个明确的答案。有很多事情不是说行就行的。猴子善爬,但要去参加游泳比赛,那是愚蠢的;兔子善跑,就应让它去跑;鱼儿善游,就应让它去游。遵循规律,顺势发展,才是明智的、科学的。在分科上,希望你不要受周围同学的影响,结合老师、家长的建议,根据自己的实际情况进行深度剖析,然后做出恰当的选择。这关乎你将来上大学时选择的专业和以后择业的方向。

这是我们对于你选择文科或理科的一点建议,供你参考。最终选择学文还是学理,你自己来决定,我们尊重你的选择。

妈妈

2014 年 6 月 24 日

附:女儿的日记

2014 年 9 月 14 日　星期日　天气:晴　心情:有点激动

花儿开放,最感谢太阳给了它们温暖;鱼儿嬉戏,最感谢小河给了它们成长的空间;我长大了,最感谢的是您——我的妈妈。

俗话说:“孩生日,娘苦日。”妈妈,在您生我的时候,一定忍受了很多痛苦吧?感谢您把我带到这个五彩的世界上来,让我听到鸟语,闻到花香,幸福生活。

在我看来,您对我和弟弟的爱就像春雨一般,绵延、温和、细致。或许这就是全天下母亲对子女的爱的特点吧。

妈妈,谢谢您无微不至地照顾我,给予我关爱和教导。

您常说我的家庭教育并不是每个人都能拥有的。起初,我对此很不认同,可现在想想,特别是与周围同学一比较,觉得自己是幸运的,因为我有两个很好的老师:您和爸爸。

经常给子女写信,在我看来是一件非常普通的事,可对于大多数人来说,这或许是一件从没有接触过的事。在我过生日时,你为我写信,并将其当作给我的生日礼物;在我成功时,你写信为我祝贺;在我失意时,你写信鼓励我,并为我指明前进的方向。

在这个信息发达的时代,谁还用写信的方式来教育子女呀?大概也就只有您了。

啊,妈妈,我知道,您一笔一画写在纸上的每一个字饱含着的都是满满的爱。

妈妈,谢谢您让我有机会得到全面发展,让我从小就开始学舞蹈、学音乐。您对我说现在的学校教育还存在很多缺憾,让我从家庭教育中得到弥补。您每年都给我订大量的书刊,与我讨论书中的内容,让我全面发展,长成一个高素质的人。

妈妈,我爱您,我永远都不要您离开我。如果我是仙女,我一定要给您很多很多的时间,让我们永远永远在一起。

妈妈,我最想感谢的人是您。

写给儿子的信

认真应成为做人、做事的准则

亲爱的儿子:

你好!

今天,妈妈给你写这封信,是因为在妈妈的心里,你已经成为一个小伙子,足可以和妈妈进行心灵的对话了。

坦率地讲,这段时间你进步很快,仿佛突然之间就长大了、懂事了,妈妈真的很欣慰。这一点,妈妈也曾面对面地对你说过,我想你一定也还记得。

毋庸置疑,妈妈爱你,永远永远……可是,你知道吗?妈妈的爱,既有对你的关爱与呵护,也有对你不良行为的制止与匡正。说得简单些,就是对你的管教与约束。还记得锁在橱子里的说明书吗?那是几年级的事儿?过去的事,无须重提。让妈妈高兴的是,类似的错误,你再也没有犯过。孩子,这就是成长。

昨天,你写作文时没打草稿,却说打了草稿,并一再嘱咐我不要给你修改。写作文时,你把门关上,不让我进去,妈妈这才恍然大悟。桓嘉，你知道吗？在那一瞬间，妈妈真的“怒发冲冠”。妈妈生气，是因为你撒谎、耍小聪明。这两点都是人生的大忌，很多人因此饱尝失败的苦果。耍小聪明的人，最终会落得“聪明反被聪明误”的下场。我希望你永远与撒谎和耍小聪明绝缘，同样的错误不要犯第二次。

认真是成功人士必备的优秀品质。当你在学习上、做事上做到“认真”二字时，你就会成为同伴中的佼佼者。桓嘉，任何时候，不管老师要求还是不要求，也不管家长要求还是不要求，“认真”都应该成为你学习与做事的准则和行动指南。

今后做作业时，先做难做的，其他易做的往后放。周末的作文，周五晚上先打好草稿并修改。各科作业，书写都要认真。只有养成良好的学习习惯，在今后的学习过程中，你才会轻松自如、游刃有余。

相信你一定会理解妈妈的良苦用心，也一定会用实际行动让自己更加优秀。

祝福你，亲爱的儿子！

妈妈

2014 年 6 月 17 日

正道归来好少年

亲爱的儿子：

你好！

你正在甜甜的睡梦之中，看着你微微上扬的唇角、若隐若现的微笑，还有日渐强壮的身躯，妈妈由衷地感到欣慰：儿子真的长大了！

是啊，今天的你，不再柔弱、瘦小，已成为一个自强、自立并且会关心、照顾别人的英俊少年。在学校里，你学习积极，成绩优秀，热爱劳动，是老师的贴心小助手；在伙伴中，你善于协调，富有“领袖风范”。体育课上、运动会上，有你活跃的身影；文艺演出、学校方队中，能听到你悠扬的笛声、葫芦丝声。学校之外，在肥城大地上，从工厂到田间地头、从敬老院到特困户家中，你是肥城电视台影视频道最活跃的“小记者”。你主持的电视节目，我们为之动容；你参与演出的泰安电视台的《春晚直通车》节目，我们为之喝彩！乒乓球台上，你的球技让很多成年人甘拜下风；在家中，你善解人意，体贴父母，简单的事情自己做……

在成长的过程中,你付出了很多,有汗水,也有泪水。正是这些付出与历练,成就了你今天的优秀。正像《西游记》中的孙悟空,其七十二变的本领是经历了炼狱般的磨难后才练就的。“一分付出,一分收获。”这是一条永恒不变的真理。

今天,你已经11周岁了,再过两年就是一个初中生了,再过8年就是一个大学生了,再过20年可能就是一位父亲了……时间总是在不知不觉中匆匆而过,永不回头。你所走过的每一段路程,都是唯一的、不可重复的,所以妈妈希望你好好珍惜生活中的每一段经历,走好人生的每一步,使自己从优秀走向卓越,成为一名真正的男子汉——像大山一样稳重,像松柏一样挺拔。现在,妈妈想借“正道少年”这个机会谈几点自己的看法:

1. 正人先正品。

妈妈希望你成为一个品德高尚的人,不仅热爱生命、热爱生活,而且心中装着别人、关心体贴别人。

2. 立身先立学。

从上幼儿园开始到大学毕业,你要读近20年的书,妈妈希望你做一个勤于读书、善于读书的人,能够在求学的过程中汲取营养,让生命之树挺拔而舒展。

3. 见多多读书。

你是一个酷爱读书的孩子,妈妈一向舍得为你买书。希望你以后读得更博一些、更广一些,更多地涉猎政治、军事、科技、地理、历史、天文方面的书,少看一些网络小说。

4. 识广多走路。

我们每年都会安排外出旅游,妈妈希望你做个有心人,能够透过旅途中的热闹体验所到之处的风土人情,并将看到的、听到的、想到的写下来。“好记性不如烂笔头。”养成随身带笔、随时记录的习惯,会让你受益终生。

5. 少玩网络游戏。

网络游戏时时都有,并且不断更新,我们永远都玩不完。网络游戏除了能给人带来短暂的快感,更多的是对时间的消耗和健康的损害。你是一个懂事的孩子,妈妈相信你一定能够管理好自己的欲望。

夜已深,不多说了,千言万语化为一句话:“妈妈希望你正道归来更优秀!”

晚安,儿子。

永远爱你的妈妈

2014 年 8 月 12 日深夜

附:桓嘉写给爸爸、妈妈的信

亲爱的爸爸、妈妈:

根据“正道少年”的活动安排,今天晚上我要给你们写一封信。感谢你们的养育之恩,没有你们就没有我。爸爸、妈妈,我爱你们。你们含辛茹苦地把我养大,我却一次次地惹你们生气。爸爸、妈妈,我对不起你们。

俗话说:“孩生日,娘苦日。”在8月1日我的生日时,我却只顾自己玩得开心、快乐,并没有怎么去帮你们、关心你们。听一位老师讲过:虎口被割裂,需承受5级疼痛;指甲缝里被插上竹签,需承受8级疼痛;一位母亲生孩子时,则需要承受10级疼痛。我该是在妈妈怎样的疼痛中来到这个世界上的呀!而我还因为不懂事常常与你们争吵,惹你们生气,伤害你们。在这里,借助这封信,我真诚地对你们说一声“对不起”!

在学习上,你们总是教导我:在同一道题目上不能多次犯错,要真正弄懂。而我一错再错时,你们不像别的家长一样生气、惩罚孩子,而是一遍又一遍、不厌其烦地给我讲解。在生活上,你们也总是耐心地教我做很多事情,让我养成自理的好习惯。

亲爱的爸爸、妈妈,谢谢你们!

爱你们的儿子

2014年8月13日

爱在心中　行在路上

亲爱的儿子：

你好！

很高兴你能自愿走进“正道少年”特别训练营。我们相信这几天不同寻常的课程训练一定会带给你全新的感受，使你更加优秀，更加强大。

现在让爸爸、妈妈跟你说说心里话。

在我们心中，你是一个优秀的孩子。

第一，你很善学。不论是文化课，还是葫芦丝、乒乓球、足球，你都能很快地领悟老师的指导要领，学得既快又好！听着老师对你的赞赏，我们做家长的真的很为你自豪。

第二，你很有爱心。对父母的孝道、对老师的尊重、对伙伴的包容，都反映出你有一颗善良的心。正是因为这一点，不论在哪个团队中，你都有良好的人际关系和较强的亲和力，这让我们很欣慰。

第三，你有很强的独立性和表达能力。比如这次参加特训营,从报名到了解上课的场地、主讲老师、做义工等事宜,都是你自己跟会务组老师进行沟通与联系的。我们为你的成长感到开心。

第四,你有顽强的拼搏精神。学校运动场上,活跃的成员里一定有你。暑期足球训练时,在4个多小时的高强度训练中,你自始至终热情不减。这不仅是拼体力,更是拼意志力。有了这种拼搏精神,学习、工作、生活中还有什么困难不能克服?还有什么障碍不能超越啊?

孩子,美好的希望是一粒饱满的种子,辛勤的汗水是一股甘甜的雨露,学习与生活则是肥沃的土壤。将种子播撒在肥沃的土壤中,精心去呵护它、浇灌它,让它生根、发芽、开花、结果吧!为了这一目标的实现,希望你能自觉克服自身的小毛病,取人之长补己之短。我们相信这次课程会使你的意志更坚强,思维更活跃,表达更流畅。

爱在心中,行在路上。

我们祝愿你早日长成顶天立地的男子汉。

加油,孩子!我们为你的每一点进步喝彩!

永远爱你的爸爸、妈妈

2015年7月11日

调整节奏　适应初中生活

亲爱的儿子:

你好!

自从你上了初中以后,妈妈有好多心里话想跟你说,可面对你繁重的学业、忙碌的身影,有些话到了嗓子眼,又强行咽了回去。

尽管我对初中生的学习状态早有预料,知道忙忙忙与累累累是初中、高中学生生活的常态,但面对你的忙碌状态,妈妈还是心疼得不行!

面对学校、老师的要求,妈妈会尽最大努力去做。教育孩子不只是老师的责任,也需要爸爸、妈妈与学校、老师密切配合。遇上一个如此敬业的教师团队是你的福气。所以,妈妈觉得,对于初中生活的忙碌,积极的做法是:

1. 接纳。

忙碌是普遍的。你忙,班里第一名、级部第一名,乃至全市第一名都在忙,都在拼!从心里接纳这种状态,是你首先应该做到的。

2. 适应。

在接纳的前提下,寻求有效的途径和方法会达到事半功倍的效果。怎样才能达到这一效果呢?

(1)提高课堂听课效率。跟着老师的节奏走,保证精力充沛,力求最大限度地吸收、消化。

(2)做作业前先复习。温故后再做作业,做作业的速度会更快,准确率会更高。重要的是,做作业的质量高,会让你体验到学习的愉悦感,从而更加喜欢学习。

(3)及时改正错题。做作业、考试中出现的错题对你有很大的价值。找出出错的原因并牢记,遇到类似的问题能变通,才算是真正掌握了。

回顾你上初中以后的学习生活,与小学阶段进行比较,你改变了很多。最明显的是,用在做作业上的时间多了(这是必然的)。人生的每个阶段都有各自的内容和节奏,这点无法改变,但妈妈想的是:怎样才能让你的学习生活更加从容?

妈妈遇到问题时习惯于寻求社会、他人的帮助。妈妈向不少人请教,目的就是想在你困难时帮你一把,请儿子理解妈妈(爸爸)的做法。

你有什么心里话可以在吃饭或者做作业中间休息的时候,和我们沟通、交流。让我们走进彼此的心灵,因为我们是相亲相爱的一家人,我们的目标是一致的——愉快学习,幸福生活。

如果你不愿意说,也可以像妈妈一样,写下来。总之,无论通过什么途径,只要你能让我们明白你需要我们做什么、怎么做,我们就会尽最大努力帮助你,因为你是爸爸、妈妈的儿子。

我们爱你,永远永远……

妈妈

2016 年 11 月 2 日

处理好读书与学业的关系

儿子：

你好！

昨晚，我们俩的心情都不好，导致你的学习效率不高。过后，妈妈很后悔不能心平气和地与你交流。

对不起了，儿子。

说实话，妈妈不反对你读课外书。从小到大，到底给你买了多少课外书，妈妈无从记起。因为爸爸、妈妈认定：读书可以润泽心灵。从曹文轩、郑渊洁、秦文君、伍美珍、郁雨君、商晓娜的系列故事书，到安徒生、海明威、林格伦、布莱顿、格里尔斯的代表作，再到《中国儿童百科全书》《小牛顿科学馆》《可怕的科学》《漫画史记》《福尔摩斯探案全集》等，但凡对你有益的，爸爸、妈妈都支持你读。在读书上，爸爸、妈妈舍得投资。你还记得吗？你上初中后，因为家里实在放不下，整理出来的书是用小推车运到你哥哥家的。

昨天，妈妈没有给你买书，是因为：

1. 任何事情都有个过程。

你不能想要什么就必须立马得到。妈妈要上班、要给你们做饭、没有分身术，你要学会体谅妈妈，学会给别人留有余地，学会等待。

2. 事情有缓急之分。

昨天晚上，虽然第二天有英语测试，你却执意出去买课外书。事过之后，你好好想想：是不是有些不妥？

3. 进入初中后，不看电视、不玩电子游戏是学校、老师的统一要求，同学们都这样。

你应该知道，爸爸、妈妈对你还是很宽松的，周六、周日、假期，下午4:00—6:30（冬季4:00—5:30）都是你踢足球的专属时间。虽然限制你玩手机，但事实上你玩手机的时间并不少。最大的问题是，你常常以学习为名用手机偷玩游戏，这让妈妈十分头疼。

桓嘉，每个人的成长都是有阶段性的。求学期间，你就是要把精力放到学业上，学好功课是你的责任。从初中到高中，甚至到大学，玩都不是主业。谁沉迷于玩电脑、玩手机、玩游戏，甚至玩其他的，谁就会玩掉自己的前途和命运。记得美国前总统奥巴马在《开学第一课》（我们一起看的）上讲道：你学好了，有能力做到前人未能做到的事情，是自身价值的体现，也是对祖国的尽责。也就是说，做强自己才是真正意义上的报效祖国。

孩子，我们希望你早日立下自己的人生目标，用勤奋、汗水、甚至泪水,铺就自己的奋斗之路,做一个对国家、对社会有用的人,做一个能从容应对、幸福生活的人。

书,可以买。我需要时间,你需要等待。

让自己高兴起来,全身心投入学习,力争期末考试拿到“进步之星奖”,甚至“四星级学霸奖”。

加油,儿子!

妈妈

2016 年 12 月 8 日

梦想的力量

梦想给予力量
让我变得更加坚强
眼中充满希望的光芒
是对未来的渴望
虽有时彷徨，有时迷茫
但梦想的翅膀总会载我迎风破浪
去拥抱圆梦的灿烂与辉煌

——题记

亲爱的儿子：

你好！

转眼一个学期过去了，你已走完初中生活的1/6，时间是不是过得很快？

这半年来，从入学时的小不点到现在比我高半头的大小伙子，从不知道努力学习到考试前的刻苦用功，从遇到问题就放弃到主动寻求帮助，你变化真的很大。不管期末考试的成绩如何，你的努力、你的学习态度的变化，爸爸、妈妈看在眼里，喜在心里，为你的进步而欣慰！凭感觉，你这次的成绩应该不会比期中考试差。如果真的比过去差，那可能是咱觉醒得晚，人家比咱更用功、更努力。我想，只要我们保持良好的心态，始终积极学习（包括课上认真听讲、课下自主学习），到最后，赢家不见得不是咱。你说，是不是这个道理？

在过去的一段日子里，你少了一些自由玩耍的时间，包括踢球、看书等。其实，不客气地说，这个阶段不是应该玩耍的时候，应该是一个人一生中最需要奋斗的阶段。你如果走好了，就会成功，就会将自己的人生境界提高到一个较高的层次，就会为国、为民、为家贡献更大的力量。通过历史课的学习，你也知道，众多杰出人才为人类的进步做出了巨大的贡献。如果没有爱迪生，就没有今天的电灯、电影；如果没有富兰克林，就没有今天电力的广泛应用；如果没有互联网，就没有今天的“地球村”。毛泽东自小就立下“孩儿立志出乡关，学不成名誓不还。埋骨何须桑梓地，人生无处不青山”的誓言；周恩来自小就立志“为中华之崛起而读书”！处于现年龄段的你也应当有一个明确的人生目标并为之努力奋斗，使自己成为想要成为的那个人。

有了长远目标后，你还要学会将长远目标进行分解，要具体到每一学期，甚至每一天。只有这样，你才能一步步坚实、有力地接近目标，实现自己的梦想。

你眼前的任务是：如何不虚度寒假，让寒假的每一天都过得充实而有意义？你可以制作一个具体的寒假学习、活动安排表，既保证高效学习，又能锻炼身体。寒假对你来说是赶超和逆袭的好机会，你每天的知识积累会成为接受更好教育的铺路石。儿子，为你的科学家、教育家、军事家之梦而努力拼搏吧！

我们相信你的理想之花一定会美丽绽放！我们期待着，我们盼望着……

爱你的爸爸、妈妈

2017 年 1 月 12 日

期中考后话成长

——写给初二的儿子

亲爱的儿子：

你好！

老师安排家长给自己的孩子写一封信，以便在期中考试后的家长会上进行亲子交流。

其实，对于通过书信交流，我们并不陌生。当你步入青春期后，面对已经长大的你，妈妈一直在寻找更好的交流方式。当你出现一些问题时，面谈过后，我总是静下心来给你写些文字。我认为文字是有温度的，可以入心，能够打动你内心深处最柔软的地方，让你感受到妈妈的爱。我愿意陪伴你轻松地走过易于鲁莽、冲动、走弯路的青春期。

很多人给青春期的孩子贴上了"叛逆"的标签。其实，不是每个走入青春期的孩子都是叛逆的。如果家庭中有良好的亲子关系，有畅通的沟通渠道，大多数问题是可以通过商量来解决的。在我们家，爸爸、妈妈、姐姐还有你，做得都不错。

现阶段我们之间之所以出现冲突，无非是因为：

1. 手机

这一问题不单单是你老师的要求，也不单单是因为你的爸爸、妈妈苛刻，而是所有老师和家长都要面对的。在一个人的一生中，中学时期就是努力学习、夯实基础、砥砺前行的阶段。谁在该奋斗的中学时期沉湎于手机，谁就会毁于手机，这是不争的事实。每一位爸爸、妈妈都不想让自己的孩子走上这条路。你可能会拿出飞同学来说事，但是，儿子，每个孩子都是不同的。飞是“天才”，人家玩着学，就能学个“第一”。我们能和人家比吗？再说了，飞玩“王者荣耀”，你不是也玩“球球大作战”、看“足球赛事”、看电影吗？手机在你手里的时间不见得比飞的少吧？你说是不是？再说了，现在手机上不健康的链接比比皆是，着实让家长防不胜防。我们限制你使用手机，从一定意义上来说，是想在现阶段最大限度地杜绝不健康的因素对你的影响。这种限制会一直延续到你高考结束的那一天，这是我们家的家规。

2. 学习中对待疑难问题的态度

学习中遇到难题，对你来说是有挑战性的，也是有意义的。“钻研”二字价值非凡，没有“钻”、没有“研”，就没有自身的提升和科技的发展。我们热切地盼望你在学习的过程中能养成“钻研”的好习惯，遇到难题不却步、不绕行，而是知难而进、愈挫愈勇，直到把问题彻底解决。

3. 外出踢球时你所处的真实位置

说白了，在你 18 岁之前，你的活动范围要在我们的管控之下。换句话说，就是我们会在安全、健康的范围内，给你最大的活动自由。我们希望你学习之余能够在足球场上活力四射、激情飞扬，踢得酣畅淋漓。我们希望你既学得快乐，又玩得专注。

这次期中考试成绩出来后，我在你的《初中成绩跟踪表》下面写道：

祝贺！热烈祝贺！！

请坚信：一分耕耘，一分收获。暂时看不到进步，是因为量的积累还不够。今天，我们看到了质的飞跃。当你把学习看成一项神圣的使命时，责任感会赋予你神奇的力量，让你快乐地去面对每一道习题。

努力，去超越当下的自己！

记得你曾小声嘟囔："祝贺什么？我不看在班里的名次，我要看在级部的名次，这次我在级部里退了6个名次。"

妈妈当时感到很欣慰，感觉你已经知道学习是怎么回事了。可是，儿子，你知道妈妈的用心吗？妈妈关注你在班里的进步名次，故意忽略了你在级部的退步名次，是希望你能够看到进步，尝到进步的甜头，从而学得越来越高兴、越来越有劲头……这是妈妈盼望已久的一种学习状态。我们明白彼此的良苦用心，是不是就可以得到"爱"的完美诠释……

昨天看到几句很有意义的话，拿过来与你共勉：

人生是一场漫长的旅途。不论过去的你是什么样，最重要的是今天你是谁。把辉煌和挫折留给过去，从今天起，定下一个小目标，轻装上阵，勇敢地迎接风霜雨雪，在磨砺中不断成长。最美的风景就是：你就是风景中那个砥砺前行的人！

妈妈希望你在学习上不去“低质量地勤奋”，而是多动脑子、善用巧劲儿，利用有限的学习时间智慧地学习。比如：熟读教材，熟记知识点，彻底弄透有代表性的题目，能够举一反三、触类旁通。你可以把疑难问题记到小本子上，一是可以随时思考；二是有机会就问，问同学、问老师。“学问学问”，就是“连学加问”；只“学”不“问”，就会有失偏颇。再比如：英语单词、物理公式或者其他你没有记住的知识点，可以记到纸条上，压到餐桌、茶几玻璃板下，贴到学习桌旁边或者卫生间的墙壁上，方便时就看上一眼。看得次数多了，你自然就会熟记于心。办法总比困难多。只要在学习上做到用心，你就会想出各种各样的办法，并取得事半功倍的效果。

把你对足球的执着转移到学习中来吧，用研究踢球技巧的心思来研究学习中的疑难问题，还有什么疑难问题你研究不透呢？

祝你在未来的学习过程中善学、乐学，取得更大的进步！

妈妈

2017 年 12 月 6 日

（该文发表于《妇女生活》2018 年第 7 期。）

再鼓干劲儿,进入级部前120 名不是梦

——写给初三上学期期中考试后的儿子

亲爱的儿子:

你好!

在这次期中考试中你能取得班级第16 名、级部第161 名的好成绩,完全是自己努力拼搏的结果。好样的!

昨天,我去你康姨家看小宝宝,你康姨夸你:自升入初中后,成绩一直在上升。这点,爸爸、妈妈心知肚明。你的进步,爸爸、妈妈看在眼里,老师看在眼里,同学看在眼里,同学的爸爸、妈妈也看在眼里。我们都在为你的进步点赞。听你康姨说(当然她是听琪琪说的),你们同学之间在课堂上比赛记英语单词,记得最快的是晓飞,其次就是你,琪琪羡慕得不得了。这说明:第一,你的注意力高度集中;第二,你的潜质不错;第三,你有能力追赶身边那些尖子生。因此,我们相信:再鼓干劲儿,进入级部前 120 名不是梦。

我们分析一下这次考试的成绩:语、数、英 3 科中,语文 111

分,在班内是第 21 名;数学 116 分,在班内是第 15 名;英语 123.5 分,在班内是第 13 名。从名次来看,最弱的是语文。我想,接下来咱们是不是可以这样做?第一,在作文的书写上做做文章,争取多得几分。第二,争取课内知识点不失分。第三,课外拓展是语文的功底所在,不是一日之功,需要慢慢来。按理说,你读的书不少,这是你的强项,不应失分这么多。不过,这也是好事,提醒你在平时的阅读中做个有心人,改变读故事、读情节的浅阅读习惯,试着养成带着问题去阅读、读完后进行思考、回头再阅读的好习惯。如你所说,数学试卷中有的题目你课上、课下做了好几遍都做对了,考试时却做错了。虽说这种现象可能发生在很多人身上,但你也应该有这样的体会:这种失分很让人痛心,让人心生遗憾。考试就是这样,只认试卷,不管你会不会,只认你对不对。期中考试是这样,将来的期末考试、中考、高考无一例外,都是这样的。面对考试,我们不祈求超常发挥,能做到"会做的,不失分",就已经很了不起。像这次期中考试,如果会做的不失分,你在数学上多拿 10 分没问题,进级部前 120 名就能实现了。关于英语学习,没有什么高招,就是日积月累。单词、句式、语法,该背的背,该写的写,不偷懒,稳扎稳打。到头来,你一定会考出好成绩。这样一分析,语、数、英 3 科多考个 10 分、20 分,应该没问题。所以,再鼓干劲儿,进级部前 120 名不是梦。

桓嘉,你现在正处于人生的爬坡期,中考在即,不得不如此。一中、泰西的指标生,桃都中学就占 120 个。谁上谁下,唯成绩说话。桓嘉,中考是你第一次真正面对选择。将来你要面对的高考、考研、考博等，也是如此，成绩是最好的证明。

考试面前，人人平等。成绩面前，人人平等。这是不争的事实。

今天晚上召开的期中考试表彰会上，所有奖项都有你，爸爸、妈妈挺开心、挺自豪的。按照老师的要求，我们给你准备了礼物。这份礼物不在钱多钱少，而是寓意对你的肯定和鼓励。这封信是爸爸、妈妈瞒着你偷偷写下的，希望带给你一份惊喜，更希望带给你一份触动和激励。

“给我一个支点，我就能撬起地球。”古希腊哲学家、数学家、物理学家阿基米德的这句名言不仅广泛应用于物理学，在我看来也适用于个人的成长。桓嘉，你的潜能是巨大的。对于现在的你来说，级部前 120 名的目标就是那个“地球”，你的自信心就是“支点”，扎实学习、拼搏奋斗就是那根无限长的“杠杆”。孩子，鼓足干劲儿，拼一把吧！此时不搏，更待何时？

我们相信你的自省、自律和自主，相信你会给自己一份满意的答卷。爸爸、妈妈爱你，会永远陪伴着你，与你风雨同舟……

爸爸、妈妈

2018 年 11 月 26 日

遇见活动

美国著名教育家杜威倡导“教育即生活，学校即社会”，认为人们在社会中参加真实的生活，才是身心成长和改造经验的正当途径。我国著名教育家陶行知也提出“生活即教育”的教育思想。

我在养育孩子的过程中，坚持将孩子置于一个多元、立体、开放的大环境中，鼓励孩子参与丰富多彩的活动，让孩子在活动中感受生活、认知社会、明白事理、享受乐趣、增长才干。

实践证明，活动确实是培养孩子团队意识、集体荣誉感和责任心很好的载体，也是帮助孩子克服胆怯和自卑心理、提高抗挫能力、建立强大自信心的广阔舞台。

走进龙山公园

学校从7月13日开始放假。7月13—15日，我在肥城市第二期教导主任培训班集中学习，听了3天课。处于小升初阶段的女儿在家里百无聊赖，在博客里写道："在家里好无聊，有种度日如年的感觉，唉！"本来想动员她去参加军事夏令营，可是11岁的女儿战胜不了胆怯，不敢独自离家去参加活动，只好窝在家里过着一种无序的生活，不知道该怎样打发时光。于是，我们约定：我的这个暑假就送给女儿了。女儿不参加训练（舞蹈、琵琶学习）的日子，我们就一起去各处转转，回来后一同写博文，完成后彼此交流，看看两代人眼中的世界有什么不同，也算是"同题异构"吧。说不定妈妈会从女儿的眼里发现一些自己发现不了的感动与美丽，女儿会从妈妈的眼里收获一份智慧与启迪。我们满怀信心与期待出发了。

生活在这座小城已20年，龙山公园不知去过多少次。回想起来，步履轻松地带着一份悠闲漫步于此却还是第一次。我们走走、停停、看看、拍拍、议议，娘俩有说有笑。一会儿，我步伐快了，回头观望女儿，她正在为我拍照，我成了孩子镜头中的风景。一会儿，她的步伐快了，大呼小叫地喊：“妈妈，快点儿，一只漂亮的红蜻蜓！”口渴了，女儿吃雪糕，我也陪着吃，打破了自己公共场所不吃东西的惯例。我想放下那份矜持，和女儿一起度过一段自由自在的时光。可到头来，我还是放不开。在龙山公园北门的石头堆里，累了的女儿随意地躺在大石头上歇息。我也想，但最终还是不能卸掉裹在身上的那一层层的矜持的“铠甲”，只能羡慕地欣赏着女儿的清纯自然、无拘无束。在不到 3 个小时的行程里，我收获多多，快乐多多。

龙山公园的美丽源自它的自然与和谐。天时、地利加上人工造化，成就了龙山公园的美。

龙山桥的拱形设计与水中的倒影构成一只美丽的“大眼睛”，并与龙山塔遥相呼应，形成一个统一、和谐的整体。龙山河、宝盛大酒店与龙山路上车水马龙的景象组成了一幅动中有静、静中有动的繁荣场景。龙山河中，盛开的荷花为人们送来阵阵幽香；漂荡的小船缓缓驶来；翩翩起舞的蜻蜓以水为镜自我欣赏；蝴蝶落在大桥的石栏上，扇动着美丽的翅膀；小蜜蜂一飞一落，忙着粘花纳粉；不起眼的小蚂蚁迈着从容的步子丈量着自己的行程；河边垂钓的老人仿佛一座座雕像，淡定从容……

天与地、物与人，和谐而从容，真好！

当我们沉浸其中、不知身在何处时，远处隐隐约约传来一阵弹唱声。“妈妈，有唱戏的！”“走，看看去。”我们循声而去，在河旁的小亭子里，七八个人组成的小戏班子正旁若无人、如痴如醉地弹唱着。戏班子的“老师”在间歇时给唱戏的“学生”纠正唱腔的不当之处。他们相互切磋，可谓“教学相长”。到这时，我才真正理解了“有板有眼”这个成语的含义，体会到“乐逍遥”的意境。

离开亭子后，我们到了花园区。龙山四周的平地被切割成一块块园区，种植着不同的植物，一年四季呈现出不同的迷人景色。

盘山小路的两侧生长着繁茂的植物。松柏、刺槐、核桃、凌霄、木香等郁郁葱葱，与低矮的山枣、荆棘，以及一些叫不上名字来的野花、野草相映成趣，绘出一幅和谐的绿色画卷。在这烈日炎炎的盛夏，行走在林间小路上，享受的不仅是那份惬意的清凉，还有走进自然、亲近自然、愉悦满怀的好心情。

龙山塔共有 7 层，高 40 米，是初建城区的制高点（现在只是龙山景区附近的制高点）。在登塔之前，我为女儿支着：选取同一参照物，每登一层，仔细体会参照物有何变化。遗憾的是，登上龙山塔之后才发现第二层、第四层的门关闭着，无法远观。我们只好退而求其次，在第三层、第五层、第六层、第七层上进行观察比较。当我们登上第三层，站在门外，手扶汉白玉栏杆远眺时，女儿惊喜地大叫起来：“哇，真好！”“好在哪儿？”“看得远！”“走，上去看看！”真是一层一重天啊！每上一层，视野也就更为开阔。站在顶层往四下眺望，我和女儿真正领悟到“站得高，看得远”的深刻含义。杜甫的“会当凌绝顶，一览众山小”也一定是身临其境、有感而发吧。

本来我们母女计划从龙山塔下来后继续南行游览，无奈时间有限，只好匆匆踏上归途。

好在龙山公园近在咫尺，我与女儿约定，假日里，抽一个天气晴朗、能见度好的日子，我们再来，以弥补没有看完以及阴天所拍照片不清晰之遗憾。

2010 年 7 月 18 日

白云山上识秋天

儿子的单元测试卷上有一道题目是:画一幅秋天的图画,并写一段关于秋天的话。儿子在试卷上画了一幅图:有山,有树,有花,有草,一棵树上还挂着许多苹果,倒也有些秋天的味道。仔细看图,却发现:儿子画的树中有一棵像是刚刚发芽的杨柳。写的话也是既有秋天的又有春天的。看来,孩子对春天、秋天的认识还不是很清楚。于是,我带儿子做了以下工作:

第一,与儿子共同分析了试卷上的图画与他写的文字。在肯定他的基础上,让他知道:在北方,树木在秋天的典型特征是叶子颜色的变化与飘落。让他回想以前学过的"落叶纷纷扬扬飘落,像一只只翩翩起舞的蝴蝶""天高云淡""秋高气爽""层林尽染""果实累累""瓜果飘香"等词句,让他深入了解秋天的特征。

第二,找了几篇关于秋天的小学生范文,与他共同阅读、分析,欣赏其精彩之处,以加深他对秋天的认识。

第三,带孩子去了白云山公园。站在高高的楼门上,放眼望去,树叶已呈现出黄的、红的、绿的等不同色彩,让孩子真切感受到“层林尽染”的含义。沿着山路,我们走走、停停、看看,观察各种植物叶子的色彩变化。

第四,在此基础上让孩子重写秋天的景色。孩子所写的“话”虽然还需进一步修改、提高,但已有一些真实、精彩的成分。正如陆游所言:“纸上得来终觉浅,绝知此事要躬行。”

第五,给孩子提了一个问题:为什么到了秋天,植物的叶子有的变黄,有的变红,最后纷纷飘落呢?孩子带着我的问题去读书了。

2011年11月1日

又见桃花开

生活在肥城，最大的福利就是看桃花。

虽然“年年岁岁花相似”，但真的是“岁岁年年花不同”。每年春天，十万亩桃花遍布肥城的沟沟壑壑，不去看桃花实在是辜负了上天赋予肥城人的福利。

4 月 13—14 日是今年看桃花的好时候。我跟孩子们说：“抓紧做作业，如有可能，我们去看桃花。”

13 日，单位有培训任务，看桃花一事没能成行。

14 日，找人修纱窗，一直忙到下午 5 点多，心想：算了，今年看桃花的事儿就免了吧。

吃晚饭时，女儿一直发牢骚：“一年才一次，还看不成。”我说：“要不我们现在去看？”“真的？”女儿的脸，六月的天，说变就变，瞬间晴了。

说走就走，6 点 40 分，启程。来到中央桃行时，天色已经有些晚，周边的桃花在微暗的背景下掩去了见惯的娇艳、妩媚之美，呈现出几多朦胧、几多沉静、几多含蓄。徜徉在花丛里，女儿“花心”

大开，将花瓣撒在头上，要与桃花比美。我和她爸爸这免费的摄影师当然不能辜负了她的美意，咔嚓咔嚓地拍个不停。有趣的是，女儿不仅自己照，还摘了桃花放到她爸爸的头上，亲自为她爸爸拍照。可爱的老先生不争不抗、不急不躁，任凭女儿摆布，在暮色朦胧的桃花源里，爷俩来了一次“桃花秀”。

原来，暮色苍茫中的桃园竟有着白天不曾被发现的婉约、唯美和纯粹。

和孩子在一起生活真好！童年的思维是七巧板，会将我们僵硬的思维再度激活；童年的生活是万花筒，会将我们忙于生计的呆板底色重新涂亮。

养孩子虽然辛苦，但和孩子在一起，我们常常会收获“重新活一回”的惊喜，会在渐行渐老的驿道上一次次重返纯真、开怀的童年。

2013 年 4 月 19 日

樱桃红了

又是一季,樱桃红了。

二姐打电话让我带着孩子去摘樱桃。于是,我约了外甥张磊,带着子涵,奔着樱桃出发了。

10 点多到达马东,下车就看到二姐家的樱桃树越过院墙,向外伸出一大片,红红的樱桃点缀在绿叶之间,煞是好看。进了家门,整个院落的三分之二被樱桃树占据,头顶上是茂密的果实,好一派樱桃熟了的景象!

两个孩子连屋子都没进,就噌噌噌地爬上了屋顶,看着满树红得通透的樱桃,手忙脚乱地摘起来。我和张磊紧跟着也爬上了屋顶。看着这一树煞是好看的樱桃和忙活着的孩子,我有一种要把宋朝蒋捷的“红了樱桃。绿了芭蕉”改为“红了樱桃。乐了淘淘”的冲动。

5 月的天暖洋洋的,接近正午的太阳晒在身上已有些酷热。在枝杈间忙活的两个孩子,小脸蛋被晒得红扑扑的,但这丝毫不影响他们采摘的热情。他们爬上爬下,一会儿站着摘,一会儿蹲着摘,一会儿攀着树枝摘……

看着他们忙碌的身影,我痴痴地笑着、醉着……

孩子们的生活在灿烂的阳光下绘成一幅多彩的生命画卷,孩子们的童年在多彩的生活中积淀出厚实的人生经验。成长就这样在孩子们的眼睛里、指尖上、一点一滴、一行一动中不经意地发生了。

这大概就是美国著名教育家杜威所提倡的“教育即生活,教育即生长,教育即经验的改造”吧。

2014 年 5 月 17 日

走进黄土地

我和爱人都是从黄土地走出来的孩子，骨子里还是农村娃，加上老家还有那么多父老乡亲、儿时玩伴，所以带着孩子、带着问候常回家看看成为节假日的必修课。

也许是因为孩子们在城里天天看着相似的高楼、相似的道路，感觉倦怠了，只要一提回老家，他们心里就乐开了花。那绿油油的麦苗、金灿灿的麦穗、黄澄澄的豆荚、白皑皑的棉花，让孩子们眼睛发亮。

乡村的风带着泥土的芳香，穿越麦田里的碧浪、玉米地里的波涛、槐花树上的清幽，沁入孩子们的心脾。

那土里长的、秧上结的、枝上挂的，不亲手刨一刨、摘一摘，哪知道何为果、何为实？那天上飞的、叶上爬的、水里游的、土里钻的，不亲眼看一看、逮一逮，哪知道何谓益虫、何谓害虫？

记得在世奕姥爷的田地里，孩子们割韭菜、掰棒子、摘豆角、刨地瓜，忙得不亦乐乎。姥爷养的冬瓜那个大呀，惊得孩子们“哇——哇——哇——”地大叫不止。一个冬瓜几家分着吃，几天都吃不完。

在伯父的田地里，孩子们在豆角地里剥豆荚、捡豆粒，找砖头、瓦块架起灶台，点燃杂草、树叶烤地瓜、烧玉米，浓浓的烟呛得孩子们流泪不停、咳嗽不止，但这丝毫不影响他们野炊的热情。他们咳着、乐着，争先恐后地干着，到头来被熏得满身都是烟火味。他们满脸都是灶灰，吃得饱嗝连连，正餐再也吃不下东西。

大自然是丰富的教材，也是开放的课堂，更是博学的老师。将孩子放逐自然、带进田野、融入生活，孩子在大自然中穿越行走，可以吸天地之灵气，纳万物之精华，在蓝天与黄土地之间释放自我、开阔视野、增长知识。

人是自然之子，懂得回归自然，方得“学之根本、生之根本”。

2018 年 10 月 25 日

走进山东省科技馆

承诺孩子很长时间了，要带他们去山东省科技馆参观。

前段日子天气太热，行程一直在拖，儿子天天抗议，非要去科技馆不可。鉴于女儿9月6号要开学，我们最终决定8月28日带孩子去科技馆参观。两个孩子高兴得手舞足蹈。

进了科技馆，两个孩子兴奋得小跑起来。我告诉他们：莫慌张，慢慢看，仔细想；我们有的是时间，到闭馆时才会离开。

在巨大的地球模型前，两个孩子走走转转，兜了好几圈。遗憾的是，地球仪的外围用护栏挡住了，孩子们不能用手触摸，但这并不影响孩子们的兴奋和热情。

在场景模拟屏幕前，我往那一站，就走进了屏幕。两个孩子好奇，立马也去实验。有趣的是，儿子个头太矮，屏幕上只显示出他的脑袋，但他不甘心，踮起脚，高高地举起手臂。那认真的样子超级可爱！

在“穿针引线”前，孩子们屏气凝神，闭上自己的一只眼睛，集中全部精力，一遍遍地尝试着。“动力发电”好神奇啊！转动把柄,灯泡就亮了起来,孩子们在这里受到了物理学上动能与电能转换的启蒙。“巧解绳套”看似简单,但反过来调过去,解起来并不容易,考验的不仅是智商、技巧,更是耐心。在“奇妙的音乐”前,儿子屈膝弓背,将耳朵贴在仪器上静听佳音。

疯狂、刺激的神奇“倾斜屋”让孩子们兴奋不已,他们在那儿玩得大汗淋漓!我也进去感受了一下,终是抵不住那强烈的刺激,分分钟就败下阵来,只好站在屋外,通过显示屏看孩子们在里面疯狂。

在“音乐踏板”上,孩子们一遍遍尝试着,随着脚步轻重缓急的变换,演奏出跌宕起伏的美妙旋律。科学竟如此富有吸引力和感染力,连我都被孩子们的兴奋感染得忍不住上去试了一把。

在“时空隧道”内,随着转筒的滚动,内壁和筒前方挡板上的条纹以及瞬息变换的灯光,给人造成一种眩晕的感觉。女儿在筒内感到天旋地转,站立不稳,左右摇晃,发出一声声尖叫。儿子倒是“临危不惧”,面对“天旋地转”,优哉游哉,表现出一副男子汉的从容与淡定。

在漂亮的“年轮”面前,孩子们认识到一个圆圈代表着这棵树一年的生命状态,通过数圆圈认识到这个树桩的“年龄”是16岁。在这里我告诉孩子们一个道理:人的生命状态亦如这漂亮的年轮,日复一日,年复一年,在不经意之间就雕刻下自己生命的“年轮”。努力与不努力,从外表上可能看不出太大的差异,但实质上圈与圈之间的宽度最终成就不一样的人生。砺志笃行、锲而不舍的人长成了“粗壮的参天大树”,成为栋梁;蜻蜓点水、不肯下力的人,则长成了“年轮紧密的小矮树”。希望他们在成长的过程中懂得这个道理，用努力铸就属于自己的美丽“年轮”。

在泥塑区，孩子们各玩各的，各拿一块泥巴在活动板上翻来覆去地揉、切、搓、捏，按照自己心中的形象专心致志地忙碌着。到头来，女儿做出一个表面光滑、穿着唐装的不倒翁，儿子做出一个憨态可掬的奥特曼。透过孩子们的作品，我们便可略窥他们的内心世界。

我们真的在科技馆泡了一天！直到下午闭馆，我们才恋恋不舍地离开。虽然两个孩子年龄不同、性别不同、爱好不同，但他们玩得一样开心、用心，收获还是蛮多的。

我国著名的教育先驱——陶行知先生主张“行是知之始”。家长在养育孩子的过程中，带着孩子“行”起来，会激活孩子的好奇心，点燃孩子的求知欲，拓宽孩子的新视野，生成孩子的认知新领域。

科技馆是给孩子进行科学启蒙的好去处。

2010 年 8 月 29 日

走进“义卖　义捐　献爱心”活动

4 月 19 日,电视台小记者在肥城市龙山中学操场上组织了一次小记者“义卖　义捐　献爱心”活动。

早在头天晚上,儿子就把自己多余的、闲置的图书、玩具、学习用品整理出来,装了鼓鼓囊囊的一大书包。

我指着一个玩具打趣他:“这个要价多少?”

“明天看看情况再说。”

这小子还懂得看看行情,有趣。

19 日一大早,我们娘俩顶着寒风来到活动现场。桓嘉找到约好的伙伴高远,商量着找了一块小地方,铺开毯子,摆放好义卖物品。

“你们俩得做做广告。”我提议。

“怎么做?”

“向其他同学宣传呀!”

“走一走,看一看,我这儿有你喜欢的。”“最新版《成龙历险记》,6 折送你……”他们俩一唱一和,大声吆喝起来。

别说,还真管用,几个小同学走了过来,他俩赶紧向小同学介绍自己的物品,不一会儿几笔小生意就成交了。

“宿桓嘉,你在这守着,我去逛逛。要是有人要买我的东西,你就叫我。”高远和儿子商量着。

“快去快回,我也想逛逛。”

“OK。”高远一溜小跑去了,儿子继续守摊。等高远回来后,儿子像一匹脱缰的小马,急溜溜地去淘自己心爱的宝贝了。

在捐款、捐物的环节中,孩子们特别踊跃,把自己心爱的物品、义卖挣得的钱大方地捐出来,送给山区的小朋友。对于年幼的他们来说,这无疑是在心中埋下了“善”的种子,这颗种子必将在以后的岁月中生根、发芽、开花、结果。

当电视台的工作人员和小记者采访儿子时,他说:“我愿意将我的书和今天义卖赚的钱捐给山区的小朋友,希望山区的小朋友也能有书看。”语言无华,却道出了孩子质朴的心声。

感谢电视台为孩子们搭建的这个平台,让孩子们避开空洞的说教,在活动中感受到挣钱的辛苦,理解了大人工作、生活的不易。孩子们通过从学生到“小商人”的角色转换,体验到了生活的多样性。买卖的过程提高了孩子们的交际能力,锻炼了孩子们的经商、理财能力。特别是将赚到的钱义无反顾地捐给贫困山区的小朋友,这使他们感受到:“爸爸、妈妈,你们别再说我小了,我已经有能力帮助别人了。”对孩子们来说,这种成就感所带来的愉悦体验,无疑是他们身心健康发展的强大催化剂。

“义卖　义捐　献爱心”活动让孩子们学到了感受爱、体验爱、奉献爱的表达方式。

爱,需要引导,需要培养,更需要社会、学校、家庭合力给孩子搭建帮助他人、奉献爱心的平台。

每个孩子都是一颗自带光芒的小太阳。

2014 年 2 月 26 日

走进泰安市气象局

今天刚刚了解到3月23日是“世界气象日”。

“世界气象日(World Meteorological Day)”是1960年由世界气象组织成立的纪念日,时间是每年的3月23日。每年的“世界气象日”都确定一个主题,各成员国会在这一天举行庆祝活动,并广泛宣传气象工作的重要意义。

这样难得的机会怎么能错过?

我与孩他爹当即决定:带儿子去泰安气象台参观学习。

从肥城到泰安不到40公里,我们很快就到了。

远远地就看到泰安气象局上空高高飘起的大大的氢气球,喜庆气氛扑面而来。气象局大院里挤满了人,参观的人群熙熙攘攘。气象局的工作人员更是忙得团团转:有的在散发传单,有的在做讲解,还有的在指导如何演示……展板、宣传栏、气象用品摆满了院子。我们赶紧参与到由工作人员讲解专业气象知识的活动中。

今年“世界气象日”的活动主题是“天气和气候,青年人的参与”,宣传内容侧重于天气和气候对工农业生产和人们日常生活的影响。

天气和气候是两个相互关联的名词。天气是指一个地方短时间内风雨、冷热、阴晴、干湿等大气状况,“气候”是对一个地方多年的天气特征的概括和总结。天气瞬息多变,气候相对稳定。譬如:“今天泰安的天气真好,风和日丽”,指的是天气;“泰安属于温带季风气候,夏季高温多雨,冬季寒冷干燥”,则指的是气候。

通过听讲解、看展板、观模拟,我们了解到天气和气候与人们的生活息息相关,与工农业发展密切相连;认识到在大自然面前,人类虽然做不到“人定胜天”,但随着科技水平的发展,会越来越了解天气的脾气,在顺应自然的基础上,可以有针对性地对天气进行一定的人工干预,使之更好地服务于社会和生产,如人工降雨、降雪、消云、消雨、减雾霾等。

随后,儿子在大院里随走随看,随看随问。卫星天线是无线通信接收系统,像大大的“锅盖”,用于接收气象卫星系统传递的气象资料、卫星云图等。这种装置有别于宽带传递,可以不受区域条件的限制,实现全覆盖、无死角的信息传递。

儿子正在用手触摸百叶箱。我告诉他:“这里面放着温度计、湿度计和自记温湿仪。”

我问他:“百叶箱的外板为什么要设计成百叶式呢?”

儿子随口答道:“是为了更通透,让里面的温度计、湿度计能更准确地测量外面的温、湿度。”

“那将温度计、湿度计等直接置于室外不是更好吗?”

“那怎么行?风吹日晒、恶劣天气会毁坏设施的。”

“有道理。”

“妈妈,我考考你。百叶箱为什么要刷成白色的?”儿子头歪向一侧,“坏坏地”瞧着我。

“这可难不倒妈妈,妈妈可是学地理专业的呢。”我一脸的得意,“白色反射能力强,可以减轻太阳辐射,保证里面的仪器测量得更准确。”

“走,我们去看看那是什么。”我拽了一下儿子的衣角。

地温表、雨量筒、风向风速仪、气压观测仪、蒸发器、银盘日射强度计等,我们一一看过。不要说儿子,就连我们大人,也增长了不少知识,真的是不枉此行。

生活中总有一些机会可以让我们寻找到平日里得不到的教育资源。家长只要善于捕捉对孩子发展有益的信息,就可巧借优质的社会资源,为自己、为孩子打开一扇扇神秘之窗,将孩子引入探索科学、探索未知的新境界。

作为家长,重要的是做有心之人。陶行知先生所主张的“知行合一”的教育理念在家庭教育中具有非常重要的指导意义。

2014 年 3 月 25 日

不经意间，儿子的阅读逐渐实现了从休闲娱乐向深层次阅读的转型。

书香为我们营造了亲密的亲子关系

说来有趣，我和爱人共同的嗜好就是读书。用好朋友的话说，我们俩就是典型的“书呆子”。但是，“书呆子”也有“书呆子”的乐趣。在书中行走不同的社会，在书中交往各异的人群，让我们增智；波澜起伏的故事为我们的生活增添色彩。更有趣的是，我们发现我们读的书，孩子也时不时地拿起来读。爸爸看《哈佛家训》，儿子也看《哈佛家训》；爸爸读周国平，儿子也读周国平。我看李镇西、魏书生、王维审的书，儿子也看李镇西、魏书生、王维审的书；我读毕淑敏、龙应台，儿子也读毕淑敏、龙应台。无形之中，儿子成了我们的影子，我们成了儿子的灯塔。我们真真切切地体会到“最好的家庭教育就是父母的言传身教”这句话的真谛。可喜的是，儿子读书的速度比我们的快，读书的面比我们的宽泛。像刘慈欣的《三体》，虽然获得过很多奖项，世界闻名，但我们除了知道其中的某些章节已经入选教材，其他一概不知。像有些网红作家的作品，我们不解，所以排斥，但儿子总是偷着读。说实话，我们真得向儿子学习：博览群书，方知天下万事。

为了让孩子接纳我们的教育方式，我们与孩子共同阅读犹太母亲沙拉写的《特别狠心特别爱》，目的是让他们认同爸爸、妈妈对他们的教育，懂得爸爸、妈妈对他们的“鼓励赞赏是爱，批评教育也是爱，锻炼甚至惩罚更是爱”。我们想让他们明白“一棵小树要长成参天大树,就得忍受砍去多余枝杈的疼痛。流泪,甚至流血都是成长中不可回避的”这些浅显朴素而又深刻睿智的道理。

有了这样的铺垫,孩子在面对我们的批评教育时,就会心悦诚服,从而避免了很多冲突。

书香浸透灵魂

这么多年的亲子共读给我和家人带来了温馨、祥和、幸福的情感体验,也让我们共同成长。2008 年,我们家获得泰安市第六届“全民读书月 · 书香家庭”的荣誉称号。

福楼拜说:“阅读是为了活着。”巴丹说:“阅读不能改变人生的物相,但能改变人生的气象。”在书海中畅游久了,我们才真正理解蒋子龙“书是可以随身携带的大学”之精辟,体会到陆天明“书是没有终点的人生”之确凿;在墨香中行走远了,我们才真正感悟到余秋雨“生命的质量需要用阅读来锻造”之深邃,顿悟出培根“读书足以怡情,足以傅彩,足以长才”之高远。在书香中行走,成为我们惬意的精神旅行;在文字中徜徉,成为我们奢侈的心灵享受。海量阅读的书香之气沁入灵魂,丰盈了我们的人生。透过儿子(14 岁)下面这段文字,略见一斑:

阅读丰盈人生

于万籁俱静之时,伴窗前一盏孤灯,在云烟氤氲之中、宽广大地之间寻找那一缕缕墨香。

翻开书卷,我感受到苏东坡“大江东去浪淘尽,千古风流人物”的豪迈心态，品味到陶渊明“采菊东篱下，悠然见南山”的超然生活。“月明星稀，乌鹊南飞”，让我仿佛回到了东汉末年，看到曹操正在豪情满腔地指点江山；“苟利国家生死以，岂因祸福避趋之”，让我仿佛置身虎门，一睹林则徐振臂一呼销毁鸦片的壮举。

与书卷对话，让文化传承。

历史的车轮永不停止，于史书之上留下写不尽的痕迹。记得《山海经》中“夸父与日逐走”的壮烈豪迈，记得《史记》中韩信忍受胯下之辱的宽大胸怀，也记得鲁迅“寄意寒星荃不察，我以我血荐轩辕”以唤起中华民众之觉醒的斗士之勇……

小时候，我喜欢书中的插图，喜欢插图中的人物，喜欢人物间的故事。《西游记》《三国演义》《水浒传》都是始于图画，止于文字。“淘气包马小跳”让我与杨红樱结下不解之缘；随之而来的曹文轩、郑渊洁、秦文君、伍美珍、商晓娜等，都成了我未曾谋面的好朋友；安徒生、格林兄弟、罗尔德·达尔、海明威等，不远万里，来到中国，成了我书柜里的座上宾。文字的交流让我们成了精神上千年不散的挚交……

现在，我更加向往墨海书香中文字的芬芳。拿起手中的书，仿佛有种捧着全世界的感觉。那指尖上的重量，好像承载了作者的满腔热血。旧时的“快餐式”阅读早已被摈弃，我开始在书海中反复畅游，《平凡的世界》《穆斯林的葬礼》

……每读一遍，都会有不同的感悟与收获。我惊叹于文字的神奇，惊叹于文字的魅力，为其喜亦为其悲，它们倾诉着作者的心绪，让我沉迷其中而不能自拔……

文字充实了我的青春，读书丰盈了我的人生。

我想用时光煮一壶酒，用感激做一桌菜，敬已经仙去的墨客，敬还在孜孜笔耕的文人，也敬一路阅读、收获颇丰的自己……

2018年10月18日

走进运动

儿子小时候体质较弱,稍有着凉就感冒,只要感冒就咳嗽,且不易好。说实在话,那几年,我这做妈妈的是在提心吊胆的煎熬中盼着孩子一天天长大的。

后来我意识到:这样养孩子不行,孩子受罪不说,还会影响到他的正常发育。只有加强锻炼,增强体质,提高免疫力,才是正确的选择。

怎么锻炼?

起初,每天下午放学后,我带着他到体育场跑步,可他不感兴趣,跑跑玩玩,达不到锻炼身体的强度。我只好改变方法,邀请他的同班同学世奕与他一起锻炼。我和世奕的妈妈与他们比赛。试了一段时间,效果还是不理想,于是我们就改试跳绳、打羽毛球、打乒乓球……没想到的是,到最后,“足球”竟成了他们共同喜爱的运动项目。于是,每天下午放学后,我和世奕妈妈就带着他们到体育场踢球,并由此带动了一批“足球小子”,形成了一支可以踢比赛的足球队。

这些孩子不仅自己踢,还和成年人踢,既不怯场也不畏惧,踢得尽情尽兴、酣畅淋漓、虎虎生威。

可喜的是,这一运动一直陪伴着儿子快乐成长。儿子饭量增加了,个子长高了,不再经常感冒了。那个动不动就咳咳咳的弱娃娃长成了运动员型的大小伙子。进入初三后,班里进行 1000 米测试,儿子在近 70 个孩子中排名第三(前两名是体育特长生),引体向上的成绩是第一名。2018 年 11 月,儿子他们这帮足球小子代表桃都中学参加“2018 年肥城市中小学生足球比赛”,经过激烈的角逐,最终取得全市第一名的好成绩,这着实让他们激动了一把。

运动不只是在户外,在家里同样可以玩得精彩。为了便于家人运动,我们在家里准备了多种运动设施。孩子学习累了,就随性玩玩。空闲时间,我们和孩子即兴比赛举哑铃、做俯卧撑、做引体向上、颠球、掰手腕、握臂力器等,但凡想到的、孩子愿意玩的,我们都乐意奉陪,并且“一站到底”。有趣的是,起初是我们提议,后来随着儿子力气增大,常常是他缠着我们比。这时,我已不是儿子的对手,儿子就转向我爱人,和他爸爸一比高低。这时儿子力气已不在话下,胜利几乎都被他囊括,而他已经是“醉翁之意不在酒”,想要的是那种“王者”的成就感。

说真的,在陪孩子玩耍的过程中,那憋得通红的脸、那冲破屋顶的笑、那融洽的亲子关系,都带着爱、带着欢悦,融进了彼此的生命中。正如周国平所言:“爱是奉献,但爱的奉献不是单纯地支出,同时也必是收获。”

孩子的成长经历证明:运动对孩子的健康成长实在太重要了!孩子从中收获的良好品质是其受用一生的宝贵财富。

第一,让孩子养成了锻炼身体的好习惯。这么多年,周六、周日、假期下午4:00到晚饭之前的那段时间是儿子踢球的专属时间。踢球这件事对儿子来说几乎是风雨无阻,雷打不动。孩子在运动中释放天性,宣泄情绪,增强体质,收获颇丰。毛泽东主席倡导的“文明其精神,野蛮其体魄”的育人方针在我们家体现得淋漓尽致。

第二,培养了孩子的团队精神。在运动的过程中,孩子学会了协调与合作,也学会了拼搏与坚守,更学会了喜迎成功与笑纳失败。这些都是孩子步入社会、融入职场、笑傲人生的必备品质。

第三,帮助孩子建立起归属感。人是生活在社会中的人,必须具备很强的融入性、自主性,才能在我与他人既融合又独立的伙伴关系中找到自己的位置。所以,家长可以有意识地培养孩子的群体性、社会性。放眼望去,出现心理问题的孩子(包括成年人),有一部分是“圈养,封闭,找不到归属感”造成的。运动是非常好的交友介质。在运动中交友,在交友中形成良好的伙伴关系,在良好的伙伴关系中建立、提升自我的话语权和存在感,无形之中孩子就建立起了自己的归属感。

第四,成就了孩子的愉悦心情。据我观察,儿子每次踢球回来都是一身臭汗,累得像只大狗熊,但他乐意或者说是甘受其苦。这大概就是“乐在其中”的铁证吧。记得他在“2018年肥城市中小学生足球比赛”中取得冠军后见到我时,那种两眼放光的神采,真的可以用“熠熠生辉”这个词来形容,那“精、气、神”定格在我这当妈妈的脑海里,成了恒久不散的记忆。

第五,运动能改变大脑的结构,提高记忆力。有研究证明:运动能改变大脑的结构、生理机制和功能,提高专注力,对大脑产生保护作用。

运动是孩子健康成长必不可少的重要因素,所以父母大可放手,充分利用条件,甚至创造条件,让孩子动起来,活跃起来,变得强壮、勇敢而自信。

2019 年 3 月 26 日

走进旅途

“外面的世界很精彩！”利用假期带着孩子到名山大川、文化古迹中穿越行走，既可以亲近自然、放松身心，又可以探索世界、发展认知，还可以享受一家人在一起其乐融融的亲情，真的是开心又划算。

2002 年暑假，女儿 3 岁多，我们带她到北戴河玩。在旅游团里，她的年龄最小。导游为了工作的便利，将小旗子交给了女儿，让她走在最前面，她非常光荣地认为“大家都跟着我走”，所以一路上将旗子举得高高的。感谢导游将“社会责任感”的种子播在女儿的心中。

2004 年暑假，因为儿子太小，我和儿子在家“蜗居”，爱人带着女儿去了内蒙古。听爱人回来讲，在爬大青山时赶上了暴风雨，女儿硬是顶着风雨顽强地爬上了 2000 多米的主峰，在亲身体验中磨炼了意志。

2006 年暑假，我们全家去了杭州。在美丽的西子湖畔，我们品鲜美的水产，赏艳丽的荷花，游西湖，登宝塔。酷热的天气挡不住孩子们的兴奋和开心，他们像快乐的小精灵，在大自然的怀抱里自由地舒展。雷峰塔旁，爸爸给他们讲许仙和白素贞的爱情故事；苏堤上，妈妈给他们讲苏堤的由来，讲苏东坡为文、为政之道。不经意之间，我们将自然、人文与情怀融为一体，传递给了孩子。

2008 年暑假，我们奔赴上海看世博会。对我而言，这是一次“受罪”最多、收获最少的行程。人山人海、排队挨号、热风热浪夹杂着的汗臭气，让人几乎喘不上气来。倒是上海博物馆、东方明珠塔让两个孩子着了迷，疯了似的玩呀玩，见识了我们这小地方看不到的高科技。

2012 年五一假期，我们去爬泰山。置身于泰山之巅，在仰首望天、俯首探地之间真正领悟到泰山的雄伟磅礴之气势。在这里，放眼远眺，你可以体会到“一览众山小”之境界，“泰山稳，四海安”之厚重；攀爬“十八盘”，你会知道泰山之险峻，大自然造化之神奇；观碑碣石刻，你会真正懂得泰山之文化；逛古建筑群，你可以领略到泰山“仙山佛国”之神韵；遇泰山挑夫，你会懂得何谓“负

重前行”……孩子们走走、看看、听听、读读，在触摸中感知泰山的巍峨与高峻，在感知中体悟泰山的凝重与浑厚，在体悟中升华内心的真实情感——“我自豪，我是泰山人”！

2014 年暑假，我们与儿子的几个同学家拼团，6 个家庭一起到了四川去旅行。

2018 年暑假，我们去了云南，一路上听导游阿瑶介绍云南的风土人情，也真是长见识了。

云南，这块我自认为偏远的土地，蕴藏着太多太多的未知与神秘，民族村、洱海、滇池、石林、古镇、西双版纳等，无不诉说着一段段迷人的故事。不要说孩子，就连我这个学地理专业的教师都被深深地震撼了。

“读万卷书，行万里路。”的确，阅读是精神的行走，行走是精神的阅读。不出家门，家就是我们生活的世界。走出家门，世界就是我们生活的家。在家与世界之间，丈量的尺度是家长传递给孩子的认知方式。大千世界是一卷厚重的史书，更是家庭教育的重要资源。家长带着孩子在自然中行走，在文化中穿越，收获的不仅仅是阅历和眼界，还有家人之间生活方式、思维模式的渗透与传承，浓浓亲情的融合与缔结。

2019 年 3 月 18 日

走进丰富多彩的活动

“以活动促提升”是我在工作实践中得来的经验。将这一经验移植到家庭教育中,“以活动促成长”成为我支持、帮助孩子发展的不二法则。

从孩子上幼儿园起,只要有“活动”机会,我就积极鼓励、大力支持孩子们报名参与。久而久之,参与活动成了孩子们的习惯。慢慢地,孩子们也成了“活动”中颇具影响力的骨干分子。

之所以鼓励孩子积极参与“活动”,是因为:

第一,学校安排的活动,作为一个在校学生,要积极参与。这是做学生的应该做的。

第二,能被选上参与活动,说明孩子能力强,咱们当家长的得感到自豪。

第三，参加活动可以帮助孩子克服胆怯、自卑心理，建立起强大的自信心。

第四，在活动中，孩子的团队意识、集体荣誉感和责任心可以进一步得到培养。

第五，活动中的失败经历可以锻炼孩子们的抗挫折能力。

作为家长，我们应该给孩子提供更大、更开阔的成长空间，让孩子多实践、多体验。每一份经历都会转化成看不见的营养，在潜移默化中滋养孩子的生命、情感和意志。在构成孩子生命的"钢架结构"中，除了"钢筋""水泥""混凝土"，还需要"海螺""山珍"和"翠鸟"，甚至还需要"蜻蜓""蚂蚁"和"花草"……这样，孩子的生命里才会藏满亮色，藏满精彩，藏满新奇；孩子的记忆里才会留下可以绵延、值得诉说的故事。

养孩子，有时真的会出现"有心栽花花不开，无心插柳柳成荫"的结果。用心的家长可以巧借活动，将孩子送上发掘自我、展示精彩的舞台。

2019 年 3 月 24 日

走进老屋

“带着孩子回老家，看看生我、养我的地方”这个念头已在脑海盘旋了很久很久。可是，平日里大人们忙上班，孩子们忙上学，难以成行。

正月初一上午，亲朋好友相互拜年，忙得不亦乐乎。下午时间相对宽松，“带孩子回家”这一想法再次泛上心头。我对娃娃们一说，女儿坚决支持，儿子因想着踢球，虽然有些不太情愿，但经我一做工作，也欣然同意。4:30 开始行动，5:25 到达任文村，三姐已经赶过去打开大门。

小院虽然已久无人住，地上铺满一层银杏落叶，房内、房外尘土、蜘蛛网随处可见，但整体的布局还是很清楚的。我和三姐领着孩子们挨着看，一景一摞情节，一物一串故事……岁月不易，但没有阻止我们兄妹六人的坚韧成长；房舍简陋，却安放着一家人相亲相爱的灵魂，藏满自由成长的喜怒哀乐。

一间小西屋，依次送走了 3 个出嫁的姐姐；一张老桌子（老娘的陪嫁),陪伴出3个人民教师;一个砖垒的灶台,熬出了久年不散的米粥的醇香。房舍虽简陋,因有了老爹、老娘对生活的热爱和对子女的呵护,变得温暖起来。那些欢声笑语,甚至姊妹间的打打闹闹,经流年沉淀,也变得绵长起来。过往的记忆,经岁月的沉淀,流走的是风尘,留下的是亲情。

家是人之初也是人之终之所在,更是生命之根、情感之根之所在。这里是人生的来路,更是情感的归宿。

站在这里,我跟孩子们交流了3点想法:

第一,妈妈之所以有今天,是因为赶上了生活的好时代。是中考让妈妈跃过了“龙门”,从贫穷的农村娃变成了一位有固定收入的人民教师。也正是因为这一点,你们才有了和妈妈不一样的童年,有了比妈妈更优质的成长资源。所以,“知识改变命运”“学习成就美好人生”是永恒的真理。

第二，人生无贵贱，社会有分层。生活在不同层次的人，生活的境界和追求是不一样的，生活的质量和状态也是不一样的，对国家和社会的贡献更是不一样的。虽然爸爸、妈妈不会对你们提过高的要求，但“人往高处走，水往低处流”，我们还是希望你们能青出于蓝而胜于蓝。用功读书、用心做事是打通社会阶层的唯一途径。

第三，接纳现实，志存高远。“子不嫌母丑，狗不嫌家贫。”永远不要抱怨父母这也不是那也不是，永远不要嫌弃父母没有本事。“海到无边天作岸，山登绝顶我为峰。”路是人走出来的，前途是人拼出来的，希望你们能志存高远写华章。

第四，家是生命之根，家是情感之根。爱家才会爱生活，爱家才会爱世界，爱家才会找到安全感、归属感，让内心踏实而温暖。家人之间彼此珍爱，且行且惜，才会坐拥幸福人生。

我唠叨这些，不知道娃们能听进去几句，但该唠叨的还得唠叨。为儿女“洗脑”也是妈妈们的天职吧。

当天，女儿在朋友圈发文：

这个大年初一有意义。第一次去妈妈的老家，虽然老家现在已经荒芜，杂草丛生，落叶满地，但还能看得出老房子的样子。在这里我真正懂得了妈妈艰苦奋斗之路的不容易！

走近统帅母子

2011年，于统帅以边院镇第一名的成绩考入肥城市泰西中学。特别的是，他把妈妈也“背”来了。

他的母亲患有严重的强直性脊柱炎，只能拄着拐杖艰难行走，他的父亲常年在外打零工。从小学起，照顾家庭和母亲的重任就落到了于统帅稚嫩的肩膀上。现在考入泰西中学，他在学校旁边租了一间不足10平方米的小西屋住下，一面完成学业，一面照顾母亲。他每天早晨4点多就起床做早饭，给母亲穿好衣服、喂母亲吃完饭后再去上学；每天7个课间，他都在刻苦学习；中午和晚上给妈妈做饭时，他手捧课本，边忙活着锅里的饭菜，边抓紧温习功课；夜深了，他给母亲铺好床铺、洗脚、按摩，等母亲睡着以后，再抓紧时间完成作业，将近12点时才悄悄上床睡觉。

我从爱人那里得知这些情况后，被深深地震撼了。

“穷人的孩子早当家。”自己的孩子还在父母的怀抱里撒娇、还在被照顾的时候，那个小男孩已经早早地担起了异乎寻常的生活重担，不仅打理自己的生活，还要照顾病重的妈妈。好一个自强不息的儿郎！

我们决定抽时间带着孩子去看望他们，希望尽可能地帮助他们。

一个周末的下午，爱人和我带着女儿一起来到赵庄村统帅和妈妈租住的小屋。

当我们掀开门帘、进到屋子里时，统帅还没有回来，统帅的妈妈正躺在靠北墙的床上听收音机。见我们进屋，她赶紧吃力地用一只胳膊撑住床，另一只胳膊使劲向前做牵引状，想坐起来。我赶紧说："别起，别起，躺着说话就行。"但统帅妈妈说什么也不同意，我立马把手搭在她的背后，使劲托着她，帮她坐起来。原以为统帅的妈妈会很忧伤，我准备的一肚子安慰她的话还没有说出口，就在她的快言快语和爽朗笑声中灰飞烟灭了。

好一位阳光、开朗的坚强女子！怪不得统帅如此优秀！

在那一刻，我突然觉得统帅的妈妈一点都不可怜。她有一颗强大的内心，里面住着一颗不落的太阳。母性的光辉润泽了统帅这个优秀的儿子，而统帅的健康成长又成了妈妈生命中最大的梦想。

他们彼此照耀着、温暖着，迎着风、和着雨，将沟坎踏平，将苦难化解，将坚毅和刚强化作跳动的音符，谱写出一首穿越时空、感天动地的生命之歌。

2011 年 9 月 20 日

后记：

于统帅升入高中后，珍惜课堂上的每一分钟，努力记住所有学到的知识，成绩非常优秀。同时，他还担任了班里的团支部书记和校学生会副主席。他学习扎实、勤奋，工作热情、善于创新，处处为同学着想，事事以学校利益为重，在同学中树立起很高的威信。他先后被评为肥城市十佳学生、三好学生、文明之星、孝老敬亲道德模范，十大最美泰安人，山东好人，山东省道德模范，山东省孝老爱亲模范；获得全国孝老爱亲模范提名奖和全国最受关注少年等荣誉称号。2014 年，他在高考中取得 639 分的好成绩，被中国石油大学录取。于是，统帅又带着妈妈去上大学了。

遇见成长 ▶

如果说母亲教育是一个课题，于我而言，这个课题从我有记忆时就开始了。

母亲是我生命中的灯塔，照亮我成长的天空；母爱是我沐浴的阳光，温暖了我贫瘠的物质生活；母亲的情绪是我呼吸的空气，我感受着她的快乐、豁达……母亲的生活状态是我成长的旗帜，我追逐着她，跋涉在母爱的征程里。

母亲是最好的旗帜。长大后，我就成了她。

向着希望起航

时光的流逝无声无息,岁月的车轮依据自然规律悠悠地前行着。忙碌的自己总是马不停蹄地让自己的思想和身体与时间赛跑。

一天,孩子们要我讲一些他们成长中发生的有趣的事情,我这才打开记忆的闸门,搜寻相关的记忆。一件件生动、鲜活的往事,一个个精彩的场景浮现于脑海,流淌于口中,把孩子们笑得前仰后合,仿佛那些不是发生在他们身上的事情。

那一刻,我决定:无论怎样忙碌都要记下生活中发生的有趣的故事。文字会让时光定格,让记忆长存。

因此,我在家中发出倡议:记笔记。记下生活中的快乐与痛苦,记下生活中的精彩与无奈。随着时光的流逝,随着岁月的变迁,这些文字将带着温度与记忆,在亲情的大蜜罐里发酵、生香,滋润彼此携手走过的每一个日子……

家庭是一块流淌着奶和蜜的土地,我希望自己与家人一起耕种并收获属于我们的小幸福。

向着希望,起航!

2009 年 9 月 4 日

良好的亲子关系是有效家庭教育的前提

有人说："好的亲子关系胜过好的教育。"个人认为，"好的教育"是不可替代的，即便是"好的亲子关系"，而良好的亲子关系是有效家庭教育的前提。

"亲其师，信其道。"用在家庭教育上，就是"亲其亲，信其道"。家长好话说了千千万，孩子只有信服你才能听得进去。所以，面对孩子成长中出现的问题，家长应该说什么、怎样说、切入点在哪里，都是应该事先有所考虑的。盲目地去说，往往导致说不到点子上或绕来绕去还没绕到问题的核心。此时，孩子容易失去耐性，亲子之间的谈话常常搁浅。弄不好亲子之间还会发生"战争"，使家庭教育的结果与初衷南辕北辙、相去甚远。作为家长，应时时不忘：学习——成长。学习相关的理论知识，学习亲子相处的策略，学习亲子沟通的技巧；知道在孩子成长的风风雨雨中，何时该静观其变，何时该出手相援。

青春期与叛逆期，在很多孩子身上，在很多家长的眼里，似乎是相提并论的。其实，不是所有走过青春期的孩子都是叛逆的。

孩子叛逆是家长“不了解孩子,不知道如何与孩子进行良好的沟通与交流,在问题的锋芒上不知迂回与规避”造成的结果。在很多成功的家庭教育案例中,家长依靠良好的亲子关系、得体的教育方式、恰当的疏导渠道,化解了孩子心灵成长中的乌云,将孩子心中的狂风暴雨转化为和风细雨。成长在这种家庭环境中的孩子,即使经历青春期,又怎么会叛逆呢?

所以,营建良好的亲子关系,是取得良好家庭教育效果的前提。

2010 年 6 月 8 日

遇见美好

我喜欢花，看见喜欢的就买回来小心地养着。

前段日子去花市时看到一盆茉莉，花儿有盛开着的，有含苞待放的，还有米粒般大小的。洁白无瑕的花儿浓香扑鼻，叶子翠绿欲滴，好一派生机盎然的景象！我不假思索地买下，回家将其置于空调上，客厅里立刻充满了淡淡的幽香……可是，好景不长，先是盛开的花谢了，后是没开的骨朵蔫了、掉了，再后来是叶子卷了、干了……好端端的一盆花，在我的精心呵护下，竟然死了！虽说不上多么伤心，但心里总觉得不是滋味……

我不甘心，跑到花农老伯伯那儿求教。老人家告诉我："茉莉花喜爱温暖、湿润和阳光充足的环境，能在通风良好、半阴的环境中生长最好；含有大量腐殖质的微酸性沙质土壤最为适合；不能冻着、饿着、渴着，也不能热着、撑着、淹着。"经老人这么一说，我知道我的花为什么死了。

"养花就像养孩子，你得知道孩子的脾气。"老人慢悠悠地念叨着。

我心里一激灵，这话虽然朴素但非常有道理。

的确,养花、育儿一个理儿。养花要懂得花的习性。秉性而养,才能使花儿叶翠花艳。育儿要懂得孩子的身心发展规律,懂得教育规律。顺势而育,才能事半功倍,让孩子健康发展、快乐成才。

在现实生活中,很多家长对孩子寄予厚望,希望自己的孩子出类拔萃,能考上名牌大学,能光宗耀祖……太多的期望驱使家长对孩子“百般呵护”,“万般照顾”。“不能让孩子输在起跑线上”囊括了多少家长对孩子的殷切希望!不少家长忙于烹饪甲鱼、海参,忙于购买“忘不了”“脑黄金”;又有多少家长变成了孩子开赴各类培训班的“专陪”和“专司(司机)”?

结果却往往事与愿违。孩子胃里、脑子里被塞得满满的,没有了自由呼吸的空间,没有了“反刍”“消化”的余地,“积食”“早熟”“厌学”,甚至“逆反”等现象频频出现。这应该就是教育上的“积食”“厌食”症吧。用花农老伯伯的话说,就是“撑着”“淹着”了。

过度付出的家长面对“欠收”的孩子,百思不得其解,并为找不到改变孩子的办法而忧心忡忡。

说得直白一点,这些“病”大都是家长的过高期望和孩子现状之间的落差造成的。困境中的家长、焦虑着的家长,不妨减少对孩子的过分呵护,降低对孩子的过高要求,驻足反思,学一学花农老伯伯的“匠心”与“平常心”,遵从孩子的成长规律,遵从教育的发展规律,去除浮躁、急功之欲,以养花之情趣来培育孩子,抓好培土、播种、浇水、施肥、修枝、灭虫等细节,给孩子向善、向上、向前的信念和力量。家长只有和孩子同频思考,才能实现共同成长。

这样,家长、孩子就会从焦虑、憋屈中走出来,瓦解“冷战”“较劲”,消除“抗争”“逆反”,真正成为彼此生命中十分重要的人。在这种彼此交融的状态下,家长能够从容地给孩子一段无痕的引领,孩子才能迎着亮光吸养纳露、舒枝展叶、开花结果,最终成长为独一无二的自然人。

养育孩子,我们享受的不仅仅是孩子最终成为什么样的人,更在意的应是在孩子长大的过程中,能够亲眼见证并分享孩子生新根、发新芽、抽新枝、长新叶、吐新蕾、绽新花、结新果的那份喜悦。

只要心中有爱,教育就会邂逅奇迹,遇见美好。

2018 年 4 月 2 日

也谈对孩子的期望

周国平在《论教育》中谈到，他对孩子的期望有两个：一是平安，二是身心健康地成长。至于孩子将来做什么、有无成就，他不想操心也不必操心，一切顺其自然。

王朔在写给女儿的信中也谈到，他什么都不希望，只希望女儿快快乐乐地过完一生。他不要女儿成功……最差的下场，就是回家跟他一起住。

的确，他们二位的期望是普天下父母对孩子最本真的期望，我百分百赞同。与他们相比，我对孩子的期望就多了一些怎么也避不开的“功利心”。我总是期望孩子在安全、健康、快乐的前提下，能够通过刻苦读书获得真才实学，通过尽职尽责地工作来养活自己、支撑家庭、回报社会。

对于我这个从小吃着杂草和树叶长大，靠着打青草喂羊、喂鸡变卖的钱读完初中，并且很幸运地考上中师的人来说，我没有能力为孩子留下足以供他们生存的财产，没有能力为孩子留下足以供他们居住的房屋，更没有能力为孩子留下足以供他们种植土豆的土地……在当今这个竞争日益激烈的社会里，我十分地惭愧。我什么都没有，拿什么来安顿孩子的安全与健康？拿什么来保证孩子一生的快乐？我只有一颗爱子之心，以及由此所生成的严格甚至严厉的教子之道。因此，在孩子成长的过程中，我总是唠唠叨叨，时刻不忘告诫孩子："学习要刻苦，生活要自立。"我告诉女儿："只有事业上成功、经济上独立，才能有人格上的尊严和独立，才能不依附于任何人而很好地昂着头活着。"我告诫儿子："男儿当自强。是男人就要有男人的铮铮铁骨与刚毅，就要担负起儿子、丈夫和爸爸的责任。"我想让孩子们懂得：生活中不只有快乐，还会有苦痛，会有高山、沟壑挡路，会有风雨雪霜袭身。只有奋斗奋斗再奋斗，成长成长再成长，才能活得精彩。"破茧成蝶"也好，"凤凰涅槃"也罢，靠的都是内在的自我成长。但是，作为妈妈，我还是心甘情愿地为孩子的成长创设一些外在的条件，譬如陪伴、督促、鼓励、奖惩……这些就算是妈妈送给孩子成长的阳光、空气和水吧。

对孩子期望的表述，感觉最贴心的还是龙应台写给儿子安德烈的那段话："孩子，我要求你读书用功，不是因为我要你跟别人比成绩，而是因为，我希望你将来会拥有选择的权利，选择有意义、有时间的工作，而不是被迫谋生。当你的工作在你心中有意义，你就有成就感。当你的工作给你时间，不剥夺你的生活，你就有尊严。成就感和尊严，给你快乐。"

2017 年 7 月 9 日

羡慕——嫉妒——中伤——朋友

镜头回放：

女儿的博客　2010-06-29 13:41

在贴吧上有个人指名骂我，我招谁惹谁了啊？干吗骂我？凭什么啊？心里好难受！

我的博客　2010-06-30 15:55

我去看过了，是一个小小的、不懂事理的“花瓶”（网名）。如果我没有猜错的话，她可能被你身上的光环所刺激，心里有些不平衡，于是在贴吧上写下一些低俗的话，以泄私愤。

对于这样的事情，不生气是不可能的，可也不能太当回事了。贴吧上已有人在谴责她了。

别太介意，孩子。

记得快乐起来。

解决过程：

指名道姓骂女儿的贴子挂在女儿所在的“实小贴吧”上。一开始，我没有在意，女儿难过地跟我说时，劝了她几句，并在第二天通过博客回应了她,劝她看淡一点,不去理睬,让帖子尽快自生自灭。我历来主张:孩子的问题由孩子自己来解决。

之后几天,女儿每次放学回来都跟我说:“妈妈,我成名人了,点击率很高。”看着女儿不开心的样子,我这当妈妈的不淡定了,看来这次孩子自己解决不了了。于是,我给孩子的班主任老师打电话,请求她协助处理。

在两位班主任老师的协调下,7 月 1 日,“花瓶”在贴吧上发了对女儿道歉的帖子,请求吧主删除本帖,并以书信的形式向女儿道歉。

7 月 3 日,帖子被删除。女儿与“花瓶”成了朋友。女儿问其原因,原来是这样:二年级时,女儿是学校广播站的播音员,“花瓶”特别羡慕她;到三、四年级时,“花瓶”就不仅仅是羡慕,心里酸溜溜的,开始嫉妒女儿;到五、六年级时,“花瓶”就有点气不顺了,发帖以解心头之恨。

留下的思考:

至此,事情似乎已经结束,但留给我们很多思考:

1. 人在面对负面信息时要反观自己,看看别人攻击的是不是自己应该改正的。对手是一面镜子,有时可能使自己难堪,但不一定对自己毫无益处。面对这一事件,我给女儿讲了中国传统文化中的中庸之道,讲了“木秀于林,风必摧之”和“枪打出头鸟”的哲理。我告诉孩子:在今天这样一个“张扬个性”的时代,内秀与内敛对女孩子营建自身的修养非常重要。

2. 人在受到无辜伤害时要有勇气站起来面对,想办法将伤害减到最小。在解决问题的过程中，说不定会有意外的惊喜与收获。

3. 人从出生的那天起就是有人格、有尊严的个体，同时是负有一定责任的个体，任何时候都不可以随意谩骂、侮辱、伤害别人，要对自己的言行负责任。意气用事很容易惹起是非，殃及他人，也伤害自己。

4. 每个人都有自己的崇拜者。是让这种美好的情感发展成为积极向上的力量，还是发展成为消极的嫉妒心理？这值得每一个学生去思考，家长朋友也要积极引导。

其实，在“羡慕——嫉妒——中伤——朋友”这个过程中，中间两步是完全可以避免的。就拿事件中的“花瓶”来说，自二年级起就羡慕女儿，何不找个恰当的时机与女儿成为相互帮助、相互促进的好朋友呢？在互不交流、两人没多少交集的情况下，“花瓶”所付出的情感代价太大了。

5. 孩子是在“问题”中长大、成熟的。出现问题、研究问题、解决问题，是帮助孩子成长的必经之路，不要期待“无问题”孩子的出现。

6. 网络是文明的产物。互联网应该成为人们认识世界、获取信息、互动交流的工具而不应该因其隐蔽性而成为书写污言秽语、传播不良信息、相互谩骂攻击的媒介。包括成年人在内，面对网络时要规范自己的内心，匡正自己的言行，充分发挥其正面功效。

为女儿感动：

1. 面对毫无缘由的谩骂，女儿即使心里很难过，也没有“以毒攻毒”。一个11岁的孩子能够做到不失言、不出格，难能可贵。我为女儿的自我约束与克制而感动。

2. 在这一事件中，受伤最大的无疑是我的女儿。当老师、同学知晓事情的经过并谴责“花瓶”时，女儿却在为“花瓶”的处境担忧，说：“我真的替她难过。”此情此景，我佩服女儿：胸襟竟比大人还开阔。我为女儿的真诚与善良而感动。

3. 当“花瓶”发出友谊的信号要交朋友时，女儿愉快地答应了。女儿不计前嫌，藏起所受的伤害，面带笑容，欣然接受新的朋友。仔细想想，这绝不仅仅是因为孩子小，容易忘记伤害，而是女儿具备了大度、包容的品格。我为女儿的宽容与大度而感动。

2015年12月14日

（该文发表于《爱你，阳光少年》2018年第9—10期）

别让离家出走成为孩子要挟父母的撒手锏

事件：

昨天中午，女儿放学时带回来一个女同学。

小女孩蛮机灵的，挺有礼貌。我问过她的名字后，接着问她："你来我家，不按时回家，你爸爸、妈妈知道吗？"

"我爸爸、妈妈回老家拾掇地去了。"

"你爸爸、妈妈的手机号码是多少？我告诉他们一声。"（我要求自己的孩子放学后必须按时回家，遇到特殊情况时必须想办法告诉爸爸、妈妈。）

"我爸爸刚换了手机号码，阿姨你等一下。"

"我爸爸的手机号码是……"

我拨了该手机号码，无人接听。再拨，还是枉然，我连打了 5 遍，也没能联系上。

接下来，我们边吃饭，边聊天。我问她家住哪里、家里都有谁等。孩子突然说："阿姨，我可能要麻烦你几天。"这句话让我感觉有点不对劲儿，但我没有多想。孩子上学之前，我又问她："妮儿，你晚上还来吗?”

“不来了。”

“那你去哪儿?”

“去我大爷家。”

“你大爷家在哪儿?”

“大市场。”

“你大爷是干什么的?”

“打火烧。”

“那行。你们上学去吧。”

晚上,家里的电话响起来,是那女孩的爸爸打来的。原来那孩子对我所说的一切全是假的!给我的电话号码也是假的(怪不得联系不上)!孩子早上出门前给她爸妈留了个纸条:“在家里待得闷,我出去待两天。”

我着实被吓了一跳,一个十一二岁的女孩子竟然要“离家出走”!我不敢相信,但事情就发生在眼前。

孩子呀,你这是怎么了?

撒谎一点也不心慌,说起话来像真的一样!羽翼尚未丰满,离开家对你意味着什么,你想过没有?孩子,现在的社会对你来说,还有太多太多的不安全因素。

后记:

当晚10点多还不见孩子的踪影,女孩的爸爸报了警。相识的人全部出动,找了整整一天两夜。第三天早上,警察在网吧找到了孩子。我猜想,问题可能出在家长与孩子的沟通上。孩子的父母是郓城人,来肥城做买卖,可能整天忙于生计,忽略了孩子的心理需求,导致孩子“在家觉得闷”。

通过女儿我了解到:那天下午上学时,她们两个一起走到校门口,那女孩子以买笔为由滞留在校门外,然后去了范蠡公园、网吧,晚上去了同学家(靠撒谎)。第二天的上学时间,她又去了网吧。警察是在网吧中找到她的。

据女儿说,对于这次离家出走,女孩引以为豪,说自己收获满满。她爸爸给她买了新手机(学校不允许学生带手机上学);她妈妈也改变了态度,对她特别好(我想这种特别好中应该掺杂着紧张和小心翼翼吧)。那孩子还说,要是以后父母对她不好,她还会“离家出走”。敢情“离家出走”成了孩子要挟家长的撒手锏?

女儿很同情这个女孩,说:“妈,她生活得挺憋屈的。”

“怎么讲?”我问。

“她说,她感到自己里外都不是人,无论怎么做,都得不到家长还有老师的认可。”

我感慨道:“明月,那是她自己的认知发生了偏差。你想想看:不论是家长还是老师,谁不喜欢诚实、本分、爱学习、守信用的孩子?就说她来咱们家吧,对妈妈撒谎跟说真事儿一样。妈妈知道真相后,能对她有好看法?所以,客观地讲,评价一个人的依据是他的所作所为,是好是坏由他自己决定。你说是不是?”

“也是。”

“妈,她特别羡慕我。”

“羡慕你什么?”

“羡慕我有这么善解人意的爸爸、妈妈,有这么温馨、幸福的家。”

“她还应该知道,我们有一个比她懂事、乖巧的好女儿。”

我们娘俩相视而笑……

留下的思考:

1. 现实生活中,初、高中阶段的孩子正处于青春期,发生意外事件的不在少数。

有的孩子因手机或作业问题被家长批评了,结果就跳楼自杀了。面对处于青春期孩子的不良行为,很多家长不敢强管,只能睁只眼闭只眼地生闷气。

“浇花浇根,育人育心。”我想,如果家长与孩子拥有良好的亲子关系,孩子在青春期遇到问题时,就不会这么“说不得,打不得”,被家长批评几句,就做出极端行为。不过,面对青春期孩子的冲动,老师、家长还是要多几分谨慎,万万不可与孩子“针尖对麦芒”。必要时,老师、家长可以先让步(毕竟成年人比孩子更理智些),给彼此一些时间和空间,待彼此心平气和时再交流。人在情绪激动时,最容易口不择言、行为冲动,易引发意想不到的极端事件。

2. 反观很多离家出走的青春期孩子,当我们走进他们的内心世界时会发现,他们缺失的不是物质,而是父母正确的爱和理解。

或许很多家长觉得委屈:自己吃苦受累,甘愿为孩子付出自己的全部,怎么能说孩子缺失爱呢?其实,爱不只需要父母做出来,更需要孩子感受得到。怎样做才能让孩子感受到父母的爱呢?父母除了做,还需要把对孩子的爱用显性的方式表达出来,如说给孩子听、做给孩子看、写给孩子读等。只有直抵心灵的爱,才能缩短、消除父母与孩子心与心之间的距离。否则,父母与孩子,虽然近在咫尺,心却隔着千山万水。

3. 爱绝不等同于物质。

研究证实:人生的幸福感源于爱。这种爱,不是对荣光的爱,也不是对财富的爱,而是对人,特别是家人的爱。父母对孩子满满的爱体现在琐碎的生活细节之中,一颦一笑均带爱,一言一行皆传情。所以,父母千万不能因为忙忽略了孩子心理成长的需求。与孩子建立良好的亲子关系,引导、帮助孩子敏锐地觉知平凡生活中的幸福感,是父母的重要责任。事件中的父母平日忙于生计,等孩子出现问题后用物质来填补孩子的心理需求,是万万不可取的。

4. 家长对孩子不必流露愧疚感。

本能上家长都想给予孩子最好的,而愿望与现实之间的落差常常导致家长觉得对不起孩子。其实,只要对孩子尽心尽力了,就是好家长,无须自责,更不必在孩子面前流露出这种情绪。李中莹老师在《李中莹亲子关系全面技巧》中写道:“负疚心态只会使孩子误认为家长给他们的确实不足,从而无法建立良好的自信和对别人的信赖。这类孩子因为内心没有安全感而不断索求及抱怨,使得家长疲于奔命。”

5. 不论何种情况,家长都不能无条件地满足孩子的无理要求。

不合理的要求要坚决拒绝。事件中的女孩在尝到所谓的“甜头”之后,欲望有可能膨胀,会对家长提出这样或那样不合理的要求。一旦要求得不到满足,孩子就会使出“撒手锏”,再次离家出走。这不论是对孩子还是家长,后果都是非常可怕的。

2011 年 6 月 30 日

这朵花很美，只是别开错了季节

今天无意中发现了小强的博客，走进去看了看，心里很痛。

小强是同学的儿子，和小丽是发小。初中时，小强对小丽产生了好感，也表白过这种朦胧的感情。

小丽的家长发现后，与小丽进行了严肃认真的谈话，力诫他们不再进行过度交往，因为初中谈感情太早了。初中毕业时，他们考取了不同的高中，自然而然也就分开了。

到今天，已经5年多了吧，那些记忆仿佛已经久远，他们各自生活在不同的轨道上，其间也没有交集。想不到的是，小强到今天还没有放下这份感情。我从他的字里行间依然感受得到他对小丽的那份感情……

小强啊，虽然你不是我的儿子，但我也是一位母亲，对你的这份执着，真的很感动，也更心疼……

你们当年也算不上错，毕竟每个人都会历经青春萌动的岁月，“初恋”可以说是一个人一生中绽放的第一朵至善至纯的感情之花。这朵花至真至美,可是千万别开错了季节。

换一个角度看,家长阻止你们交往也没有错。从十一二岁到最后谈婚论嫁,路程有多远?在这过程中,两个人要经历些什么、发生些什么,答案谁能知道?看看现实生活中那些曾经“执着”的早恋者,修成正果的有几个?最后的结局无非是荒了学业,误了前程,给自己的未来留下无法修补的残缺。

真正的爱情可不是初中生心中的“喜欢”,也不是初中生口中的“我爱你”。爱情的厚重,凭一个初中生的阅历是难以掂量出来的。

一个人只有成长到自食其力,在具备了接纳、包容、担当的能力之后才能去追求爱情和婚姻。生活中,仅仅凭借挂在嘴上的“我爱你”是不够的,还要想明白“我拿什么去爱你”。这份爱只有建立在吃、喝、拉、撒、睡这些琐碎的生活细节之中,建立在锅碗瓢盆叮叮当当的碰撞声中,才会真实牢靠。我们也会因此为爱找到依托,为情找到家。鲁迅笔下的涓生与子君(《伤逝》)为“爱”冲破层层藩篱,毅然决然地住到了一起,真可谓是“冒天下之大不韪”,实在是可歌可泣。然而,同居后的日子没有多久就走到了尽头。燃烧的激情虽能温暖两颗相爱的心,但在现实生活中,“爱”不治饿,“情”不止渴。两个没有经济来源养活彼此的“爱情圣徒”到最后只能伤的伤,逝的逝……真可谓“爱情很浪漫,现实很骨感”。

所以,小强,作为一位旁观者,作为一位母亲,我想告诉你:先把这份感情埋在心底吧,让它化作成长的力量。你要做的是让自己强大起来,长成一棵参天的树,立成一座巍峨的山。“梧高凤必至,花香蝶自来。”现在,请先把你脚下的路走好。

祝福你,孩子!

希望在未来某一天的某一刻,你能看到这些文字,对过去的那段感情能够释怀,面带微笑,幸福快乐地前行……

2017年6月23日

山青归来话感悟

5 月 3—7 日,肥城市实验小学组织六年级全体学生到“山青世界翦云山营地”开展“综合实践体验周”活动。这一教育活动是学校课堂教学的拓展与延伸,势必会对孩子的创造精神、实践能力、道德素养等起到很大的促进作用。

一、牵挂与成长

“鸟儿大了,总要飞翔。”这帮孩子大都 12 岁左右,很少离开过父母。所以,孩子在外的这几天,很多家长的心被掏空了,有的家长甚至受不了了。看着家长们在班级微信群里发的一条条信息,可以真切地感受到家长对孩子的牵挂有多深,家长对孩子的爱有多厚重!

也许是我心太“狠”,也许是我习惯了这种“小离别”。从孩子二年级起,每年暑假,我都会安排他独自参加封闭式培训班。孩子在外的这几天,我一点儿也不担心,深信他一定会健康、快乐地归来。5 月 7 日,孩子黑黝黝地回来了。看得出他真的很累,但他一句“还行”就轻描淡写地搪塞了我的询问。我知道“还行”包含了他全部的隐忍与坚持。

事实上,把孩子安安全全地接回家后我们会发现,原来对孩子的担心是多余的。不是孩子经不起风雨,真正脆弱的是家长玻璃般的心!所以,我们当家长的,与孩子共同成长才是硬道理。

二、选择与担当

按照学校要求,这次活动,孩子需要提前准备必带物品大大小小近20件。儿子事先列出了清单,提前抽空将各种物品围成堆,缺的东西就告诉我,我给他买(主要是药品)。临行前,他准备好就睡了。

我偷偷看了看他准备的东西,必需品倒是都有了,只是脸盆、卫生纸没放。第二天早上,我提醒了他,可这小子嫌麻烦,不带脸盆,说问过已经去过的其他级部的同学,用不着。看着轻装上阵的儿子,我心想:看看这家伙怎么应付下来。

回来后,我看到他带去的毛巾、肥皂一动未动,原样带回。我问他:“为什么毛巾未动?是不是5天没洗脸?”儿子的回答是:“洗了,风干。脸盆嘛,一屋有3个,轮着用。”这倒是符合儿子的性格,也算是达到了“野外求生”的训练要求。总之,选择了,就要担当。

家长嘛,放手就是了。

三、配合与守纪

儿子特别渴望参加这次活动,猜想着营地有没有网络,并一直盘算着去时带着智能手机。儿子的心思我懂:趁着出门在外,上上网,玩玩游戏。但我心里清楚,学校组织这样的活动,是绝对不会允许学生带手机的。果然,活动通知中,学校明确规定学生禁带手机、游戏机、扑克牌、照相机、随身听、摄像机等物品。看过通知后,儿子没再提手机的事。在儿子心中,守纪是首选,不可逾越。对此,我很欣慰。

儿子归来后,我与他闲聊时了解到:有些孩子去时带了现金、手机、零食,有几个宿舍还发生了丢钱小事件。

这些都提醒我们:做家长的首先不能违规。积极配合学校开展、组织的各项活动,就意味着"服从与执行"。家长的配合与守纪本身就是对孩子最好的教育。这么好的教育契机,失了多可惜!更可怕的是,家长的违规给孩子造成的负面影响往往是很难纠正的。

"问题家长是产生问题孩子的根源。"这话一点不假,值得我们警惕。

四、学习与进步

驾车需要先考驾照,做工需要先拜师学徒。不用先拿证书就可以做的事情就是"做爸爸、妈妈",而这却是最需要学习的。

"优秀的学生背后必定站着优秀的家长。"这一不争的事实提醒我们:只有学习学习再学习,才能更好地与孩子进行心灵的交流,才能给孩子提供适时的引导与帮助,才能无愧"爸爸、妈妈"这深情的称呼。

孩子12岁了,意味着我们已经陪孩子走过了12年。漫漫育儿路,任重而道远。面对即将升入初中、步入青春期乃至叛逆期的孩子,我们家长的育儿之道又将是几多笔直几多弯曲?唯有学习先备战,才能跨越漫漫征途。

2016年5月16日

“身心合一”,真好

今年寒假,上大二的女儿网购了瑜伽垫,跟着手机视频如痴如醉地减起了肥。

说实话,我挺羡慕女儿的,想干什么就干什么。

我坐在旁边,一边欣赏女儿,一边趁女儿休息时跟她闲聊:

“再等上四年半,你弟弟高考结束的那一天,我就去俱乐部报个班,也健健身。”

“干吗要去俱乐部?”

“人多,有氛围呗。”

“妈妈,要什么氛围,锻炼讲究的是身心合一。你在手机上下个 Keep 或者瑜伽教程,在家跟着节奏练就行。”

身心合一?真是一语惊醒梦中人!那一刻,我大有佛家“顿悟”之感觉。

一直以来,我认为自己是一个被家务、孩子捆绑的“迷失了自我的妈妈”,所以一直在迷雾中眼巴巴地盼望着孩子快点长大,远走高飞。

其实我也可以换一种思维想问题，换一种方式过生活呀！

“抽时间给妈妈安上程序，我也要在家里锻炼。”我给女儿“下达了命令”。

女儿是最愿意干这活儿的。当天我就和女儿成了同一个“战壕”里的“战友”。

这段日子，随着锻炼成为我每天的必修课，儿子也在课间运动起来，举哑铃、练俯卧撑、拉单杠、颠球，练得不亦乐乎。

孩儿他爹一开始只是看着，看得多了，也眼馋起来，让女儿给下载安装了“24 式太极拳”视频教程，跟着练了起来。真可谓“意念改变生活”啊！

身心合一，创造奇迹！

妮儿，感谢有你！

2018 年 2 月 22 日

你好,“问卷星”

寒假里,女儿在电脑上整理她的作业:当代父母对未成年子女的教育调查报告。我无意间瞟了一眼,看到一些图表。我眼前一亮,马上来了兴趣,坐在女儿身旁,问她:“这些图表是自动生成的?”

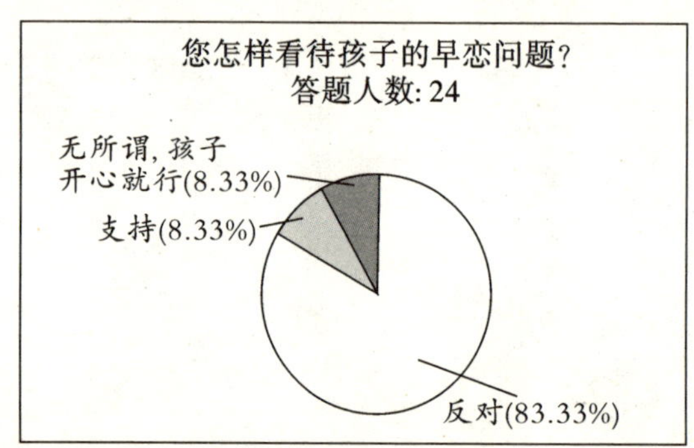

“嗯。”

“用的什么程序?”

“问卷星。”

“抽空教教我。”

“干吗?”

“妈妈工作中要用到。”

“行。”

“谢谢美女老师。”

工作中,为了切实了解培训效果、了解参加培训老师的真实感受,以便以后的培训更有针对性,更符合老师们的培训需求,我们举办的所有培训班都有问卷调查环节。我们通常采用的办法是:先现场进行纸质问卷调查,然后逐张、逐项统计、整理,费尽周折才得到我们想要的数据。

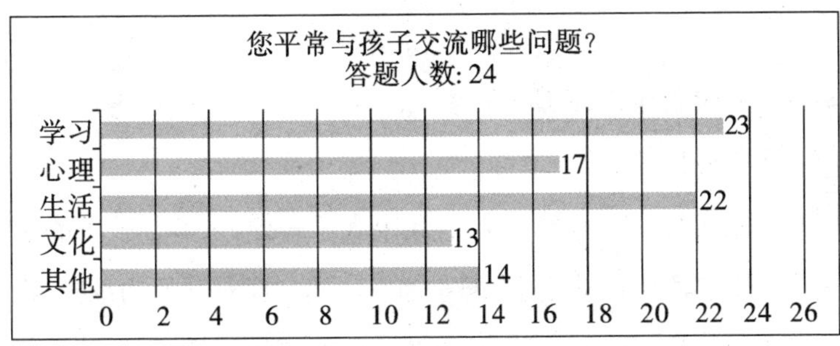

看看女儿,再想想自己所用的办法,感觉自己真是太笨拙了!

时代不饶人啊,科技的发展日新月异,而我这60后真的是跟不上时代的步伐,太落伍了!

我必须学习学习再学习,孩子则是我最好的家庭老师。

新科技多好,不会用真是愧对了自己所处的好时代,愧对了伟大的科技工作者。

2018年2月28日

与孩子共同成长

——在女儿小学六年级家长会上的发言

尊敬的各位老师、家长朋友：

下午好！

我是宿明月的妈妈。今天，我跟大家一样，来参加孩子的家长会。李老师让我说说是怎样教育孩子的。面对老师的重托，我真不知道该从何说起，因为教育孩子是琐碎的，自己没有仔细梳理过哪些做法是正确的。再说，今天在座的各位家长，虽然不能说来自五湖四海，却实实在在地来自各行各业。相信大家对孩子的教育问题，思考得肯定比我多，做得肯定比我好。不过，我们无论来自何方，都有一个共同的愿望，那就是把自己的孩子培养成身心健康、性格开朗、学业突出、品德优良的优秀人才。从这一点上说，我们是一家人。因此，我也就有勇气说一说自己的做法，一来向各位家长讨教；二来与各位交流，以达育好子女之目的。我今天发言的题目是《与孩子共同成长》。

一、教会孩子学习

1. 帮助孩子养成良好的学习习惯。

要让孩子坐有坐相，站有站相，吃有吃相，写有写相。放学回家后，先洗手，然后吃点东西、喝点水，活动活动，接着便要写作业。

2. 让孩子写作业时勤于思考，独立完成。

要求孩子做到刻苦认真学习，一丝不苟；守时惜时，学习计划性强。数学中遇到疑难问题时，我让孩子反复读题，弄清数量之间的关系。作文写成后，我让孩子出声读作文。读的时候，不通顺的地方自然而然地就被发现了。在平时学习的过程中，我让孩子建立一本错题、难题档案，把作业中、考试时不会做以及做错的题目收集起来，仔细分析错的原因，以免以后出现类似的错误。

3. 作业完成后，让孩子把书包收拾好，放在固定的地方。

4. 让孩子养成乐于阅读的好习惯。

“书籍是人类进步的阶梯。”阅读量大不仅可以扩展孩子的知识面，增强孩子的理解能力，为学习打下良好的基础，而且可以丰富孩子的内心世界，塑造孩子的美好心灵。我们一家人在市图书馆各有自己的借书证。我跟孩子一直在进行读书比赛，看谁在一年中读的书多。有条件的家庭在孩子的阅读上要舍得投资，为孩子购买、订购优秀的报刊、书籍，拓展孩子的阅读空间，丰富孩子的阅读内容。从孩子上学起，我们为她订阅了《中国儿童报》《少年文摘报》《学与玩》《中国少年报》等。每每看到孩子沉浸在书海里，我们都有一种很甜蜜、很温馨的感觉。

二、教会孩子生活

1. 教会孩子自己的事情自己做。

现在的孩子大多是独生子女，在家庭中享受着众多的呵护与关爱，有时会有自私狭隘、娇气脆弱的坏习惯。俗话说得好："娘懒孩儿勤。"做家长的不妨表现得懒散一些，这样可以让孩子有更多的锻炼机会。我的女儿从二年级起就自己起床、穿衣、叠被子、洗小衣服、梳头、洗澡。看着她磨蹭的样子，有时真想伸手帮帮她，但我最终还是克制住自己，让她自己的事情自己做。几年下来，孩子已成长为一个让我省心、省力的小大人。

2. 教会孩子爱别人。

爱是阳光，是人间最美好的情感。如果孩子感受不到父母的爱，亲子之间的交流与沟通就会受阻。在日常生活中，我们要有意识地培养孩子感知幸福、感受爱的能力。要让孩子知道父母工作的艰辛与不易，懂得父母对自己提出要求的目的和意义，能够深切体会父母及其他家人对自己的爱，并在力所能及的情况下关心父母、关心他人。前段日子，郑老师的手受伤了，明月与同学一起去看望郑老师，我的确感受到孩子突然之间长大了。在后来的日子里我经常问她老师的手好了没有，告诉她："老师带病给你们上课，你们可不要让老师生气。"每每这时，她都郑重地点点头。

3. 教会孩子感恩。

爱是双向的。孩子享受他人的爱，是幸福的；献出自己的爱，去回报别人，也是幸福的。每当节日来临，我都提醒孩子给老师和对自己有恩的亲人、朋友发出感激的短信或贺卡。在我看来，一条短短的信息或一张薄薄的贺卡，承载着孩子对恩人的感激与回报，承载着孩子与他人沟通的技能与技巧，承载着孩子成长的心路历程。这几年，每当我去看望自己的老师、亲人、朋友、同学时，我都有意带上孩子，给她讲一些相关的故事，让孩子懂得“滴水之恩，当涌泉相报”的道理，叮嘱她要记住父母、老师、同学、朋友对自己的关心与帮助，长大后要用自己的方式去回报大家。

4. 教会孩子坚持。

毛泽东主席曾说：“一个人做一件好事并不难，难的是一辈子做好事，不做坏事。”这句话提醒我们要学会坚持，同样适用于孩子的培养。一个良好的习惯，如果一个人能够坚持一辈子，那就成了一生受用不尽的财富。学习一项技能，如果能够坚持下来，就有可能成就孩子的一生。宿明月从二年级开始在文化馆学习民族舞，坚持到今天，已经快 5 年了。其间，她曾说不想学了。问她原因，她说练基本功太累、太枯燥了。我安慰她说：“你知道你现在的形体为什么这么好吗？就是因为你在学习舞蹈。如果一堂课下来，没有感觉，那才真的不该练了。”现在，尽管孩子每次上课回来都说浑身疼，但她已从心里喜欢上了舞蹈，今年暑假民族舞已过了 6 级。其实，不光是孩子，包括我们成年人，做任何一件事情都需要坚持。只要我们能战胜自己，坚持做下来，就会得到丰厚的回报。

5. 教会孩子守规矩。

“国有国法，家有家规。”在家庭教育中，有许多道理是大家共知的，但由于执行的力度不同，因此会塑造出不同的孩子。在我们家，有些规矩是铁打的，谁违反了就会受到应有的惩罚。比如：不完成作业、撒谎、拿别人的东西、放学不按时回家等都是绝对不允许的。惩罚包括：罚站10分钟、打屁股、卫生间关禁闭20分钟等。惩罚的前提是：明确告诉孩子什么可以做、什么不可以做；如果违反了，相应的惩罚是什么。当孩子真正犯错时，惩罚一定要到位，决不心慈手软。孩子“以身试法”所受到的惩戒会让她受益终生，让她知道做任何事情都要有限度、守规矩。在惩罚孩子时，一定要把握好“时机”，掌握好“度”：不要在双方气头上惩罚孩子。要等孩子冷静下来，与孩子一起坐下来，分析事发原因、危害及后果，让孩子认清错在哪儿、按照家规应该接受怎样的惩罚，之后让孩子无怨无悔地接受惩罚。时间长了，孩子有了明确的是非观念，也就很少做出格的事了。

三、与孩子共同成长

1. 家长要不断学习，自我成长。

家长与孩子是两代人。虽然家长的人生阅历会比孩子的丰富，但并不意味着家长处处都比孩子懂得多。所以，要想做有分量的家长，就必须不断学习。首先，在工作上要有出色的业绩，成为孩子人生的楷模。其次，要不断学习家庭教育专家的经验与思想。如:学习蒙台梭利的九大敏感期理论、杜威的生活教育理论,学习孙云晓、卢勤、尹建莉等家庭教育专家的育儿理念。家长要知道如何让孩子好学、善学、乐学,知道如何与孩子保持良好的沟通,知道如何去发现、解放、发展儿童。教育孩子的成败,说到底就是看家长懂得了多少知识,运用了多少有效的方法。孙悟空本领强大,却翻不出如来佛的手掌。家长只要善于学习,就会在家庭教育中如鱼得水,在面对孩子成长中出现的各种问题时就会从容应对,让孩子如沐春风,快乐成长。

2. 家长要改变角色,做孩子的知心朋友。

和睦、融洽的亲子关系犹如家庭的黏合剂。孩子只有在心目中把你看成可以信赖的智者、朋友,才会认定你的说教是有分量的,才愿意听你的、信你的。面对孩子成长中出现的错误,家长要沉住气,不要大呼小叫,不要遇事就火冒三丈、暴跳如雷,因为孩子的成长注定是在不断地犯错、改错中完成的。如果事发时孩子情绪激动,家长不妨冷处理,等孩子情绪稳定后再与其分析原因、过错与得失。家长要成为孩子成长的同行者,成为孩子心灵的疏导者,成为孩子可以终生信赖的知心朋友。

3. 家长要学会“享受”,与孩子分享快乐。

就父母而言,孩子的降临,不仅意味着责任与义务,而且意味着欣喜与快乐。在家庭生活中,家长要用心创造适宜的家庭氛围,开展丰富多彩的游戏,安排有益于身心健康的家庭娱乐活动,让孩子与自己共同体验生活的美好、人生的乐趣。我们家每天晚饭后有一段“胡吹海侃”的时间,没有主题,人人发言,自由发挥,随兴所至。每每这时都是一家人最开心、快乐的时候。另外,每年我们会安排外出旅游,这不仅是一家人身心休整的好时机,还是鼓励孩子的一种手段。“读万卷书,行万里路”不仅让我们一家人见多识广,还让我们享受到美好的家庭生活带来的幸福与喜悦。

感谢老师给我这次分享的机会,让我和家长朋友们共同度过了一段美好的时光。愿我们与孩子一起向着太阳共同成长!

2009 年 10 月 25 日

家校联手，共育爱子

——在儿子家长会上的发言

尊敬的老师、家长朋友们：

上午好！

今天我们因孩子坐在了同一个教室里，成为特殊意义上的“同学”，共同拥有“家长”这一称呼。“家长学校”是我们共同的家园。在这里我们可以畅谈育子过程中的心得、体会，可以诉说育子过程中的困惑与迷茫，可以就一个问题展开讨论，在交流与碰撞中寻求解决问题的最佳途径。在这里，我们能彼此分享好的经验与做法，能取人所长补己所短，能使自己的家庭教育取得事半功倍的效果。“家长学校”委员会的每一位成员都是大家的服务员。各位家长朋友如有需要我们协助、帮忙的地方，我们会义不容辞，竭力为大家服务。请各位家长朋友不要客气。我有几点想法，说出来与大家一起讨论。

一、帮助孩子建立爱校、爱师的美好情感

孩子只有爱学校、爱老师，才会发自内心地去接受学校、老师的教育。在家庭中，家长要善于用赞美的语言去谈论孩子所在的学校、任教的老师，让孩子对学校充满热爱，对老师充满敬畏、充满仰慕。只有这样，孩子才能“亲其师，信其道”。万一孩子在学校发生什么不愉快的事，请家长及时与老师取得联系，及时了解真实原因，以便在最短的时间内解决问题，帮助孩子将情绪调整到最佳状态。

二、帮助孩子养成良好的学习习惯

小学的起始阶段是孩子养成良好习惯的关键期。要养成良好的学习习惯，除了老师的引导与规范，家长的配合也是非常重要的。在接送孩子的时候，我发现有一部分孩子是爷爷、奶奶或姥姥、姥爷接送的。我们知道，老人带孩子与父母自己带孩子，差异是比较大的。在管理孩子的力度上，只有父母才能真正拉下脸来，做到“严厉”二字。当然，对于上班族来说，自己每天按时接送孩子是不太可能的。我想说的是：别把孩子完全交付给老人，工作之余多陪陪孩子，使其养成好习惯。现在多费一点心，将来就会省不少心。

三、对孩子的要求要与学校保持一致

影响孩子发展的因素是多方面的，让家庭教育与学校教育保持高度一致就是非常重要的一个方面。这样，孩子说话、做事就有了统一的标准，不会感到“无所适从”。记得有这样一幅漫画：起先，一头牛拉车，有些吃力。于是，主人套上了3头牛，结果车拉不动了。不是因为牛不卖力，而是因为3头牛各拉各的，力不在同一方向上。教育孩子也是同样的道理：只有保持要求的高度一致性,才能最大程度地发挥教育合力的作用,帮助孩子健康快乐地成长。

四、对学校多一份奉献,对老师多一些理解与支持

家长朋友们,我们把孩子送到实验小学,实验小学就成为孩子的第二个“家”,实验小学的老师就成为孩子的“家长”,成为我们教育孩子的合作伙伴。用一句话总结:“孩子是你的、我的、他的,也是我们大家的!”从这个层面上讲,我们家长应该给予学校更多的帮助,给予老师更多的理解与支持。今天在座的家长朋友来自不同的工作岗位,有着不同的生活阅历和工作经历,这一切对学校、对孩子们来说,都是不可忽视的教育资源。我想,如果哪一天,学校、老师需要我们协助完成某项活动,请伸出援助之手,献出智慧之心。我们将与老师组成强大的教育团队,通力合作,携手同行。

请相信,不远的将来,这一群幼小的娃娃将会用他们有力的臂膀为我们撑起一片蔚蓝的天空,让我们自由自在地晒着太阳回忆人生。

以上所言是我个人的几点想法,如有不当,敬请老师、家长朋友们批评指正。

谢谢!

2010 年 11 月 19 日

让孩子在家庭的沃土中健康成长

生儿育女是人生道路上的重要事情。呱呱坠地的孩子为我们带来了创造生命的喜悦，也给我们带来了将幼小生命抚育成人的神圣责任。

就父母而言，没有谁不珍爱自己的孩子，不希望自己的子女生活得健康、快乐、成功。但是，这些出自本能的良好愿望并非靠为人父母的本能就能实现。“舐犊之情”所蕴含的爱、“望子成龙”所凝聚的情，只有在了解孩子成长的秘密，认识孩子身心发展的规律，掌握孩子所特有的言行、思维、情感方式，获得与孩子相处的技巧，让孩子喜欢亲近并能为其健康、幸福成长产生积极、有效影响的前提下，才能了无痕迹地融入孩子生活的点点滴滴之中，创造出适宜的教育空间，让孩子的生命之花自由绽放。

一、寓教育于游戏之中

孩子的天性是活泼的。针对孩子的特点，我们做家长的应该放下工作、生活的重担，放下家长的架子，以玩伴的身份参与到家庭生活的娱乐活动中来。在娱乐活动中，我们可以有意识地培养孩子的合作意识、自主意识，让孩子体验角色的转换。可以说，每天晚饭后的娱乐时间,是我们一家人最开心、快乐的一段时光。

二、寓教育于游山玩水之中

游山玩水是人们的一大享受。在我们家,每年一度的假期旅游成为孩子非常向往的事情。年初时,我们会与孩子通过协商制定出他们一年的成长目标,主要包括学习目标和生活目标。只要孩子基本达到目标,我们就会在假期有针对性地安排外出旅游。一则通过游玩达到身心放松的目的;二则让孩子开阔眼界,增长见识。2005 年暑假去内蒙古的大青山时,恰逢风雨天气,但女儿硬是自己爬上了山顶,成为全团年龄最小、最活跃的成员。

三、寓教育于家务劳动之中

在很多人看来,家务劳动烦琐而无聊,其实也不尽然。我们常常将家务劳动变成有趣的教育活动,让孩子参与其中。问题的关键是家长一定要有耐心。在孩子刚刚开始做某一件事情时,家长要有耐心去指导"笨手笨脚"的孩子,有耐心与孩子一起清理"战场的残局",甚至有兴趣与孩子一起分享也许很糟糕的"战利品"。俗话说"熟能生巧",通过多次实践,现在孩子已经学会很多家务活。比如说:厨房里的择菜、洗菜、洗碗、煮饭早已不在话下;凉拌菜和一些简单的炒菜,他们也能做得有形有色、有滋有味了。每每有得意之作,孩子们总要起上有趣的名字。看着孩子陶醉的样子,我们做家长的会真切地感受到:孩子已真正体会到劳动与创造的快乐了。

四、寓教育于宽容之中

孩子与成年人的思维方式有着质的不同。许多在成年人看来多余、无味的活动,在孩子看来却是很重要的事情。这时,是阻止还是允许,一则反映家长的育儿观念;二则会影响到孩子的情绪,甚至将来的生存方式。我们的做法是:只要没有危险,就一切由他们去吧。比如:我们家新换了一台洗衣机,孩子非要观察整个洗衣过程不可,因此在洗衣机旁待了一个多小时。又比如:女儿的发型,她常常别出心裁,今天这样,明天那样。虽然有些发型在大人的眼里不见得多美,但我们还是接受了。我们相信,在不断地创新与比较中,孩子的审美观会日趋成熟。

五、寓教育于规矩之中

孩子是成长中的人。由于生活阅历有限,因此他们在成长的过程中常常出现这样或那样的问题。面对出现的问题,我们始终坚持教育的"即时性",及时与孩子一起分析问题的症结所在以及对他人、自己造成的危害,让孩子在利害比较中明白事理,实现自我约束。在家庭教育中,规矩与爱是相统一的。

只要我们做生活中的有心人,多读、多看、多问、多学习、多研究,了解孩子的身心发展规律,掌握正确的教育方法,对孩子的教育就会取得事半功倍的效果。

2009 年 9 月 16 日

家长做好“三个五”，帮助孩子顺利度过青春期

在长期的家庭教育过程中，我接触了很多家长，了解到不少家长对处于青春期的孩子感到束手无策。其实，孩子的发展有其自身的规律。家长只要积极学习，认识孩子的成长规律，通过做好“三个五”是可以帮助孩子顺利度过青春期的。

一、了解青春期孩子的“5 个特点”

青春期的孩子通常有以下几种表现：

1. 自认为已经长大，希望摆脱家长的束缚。

2. 情绪不稳定，易逆反。

3. 有心里话不愿与家长交流。

4. 开始对异性同学产生好感。

5. 更加关注自身形象，更加在乎别人的评价。

了解了青春期孩子的特点，家长在面对孩子的种种表现时，就可以“见怪不怪”了。

二、做好“5 个一点”，与孩子和谐相处

1. 尊重多一点。

苏霍姆林斯基认为:“人的内心里有一种根深蒂固的需要——总想感到自己是发现者、研究者、探寻者。在儿童的精神世界中,这种需求特别强烈。”

在家庭中,只有家长尊重孩子,孩子才能从父母对自己的认可上反观自身的价值,完成自我认知、成长的过程。

2. 包容多一点。

孩子是成长中的人,不可避免地会犯错。家长要允许孩子犯错,并善于将孩子所犯的错变成促使孩子成长的教育资源,让孩子在犯错、改错的过程中,以自己的方式完成生命的修正与成长。

3. 鼓励多一点。

英国哲学家斯宾塞说:“教育中应该尽量鼓励个人发展的过程。应该引导儿童自己进行探讨,自己去推论。”在家庭教育中,家长要多学习,多运用积极心理学,以建设性的心态创设教育情境,给孩子创设获取精神、物质奖励的机会,让孩子从中体验到成就感、愉悦感,从而更加积极、主动地生活和学习。

4. 距离远一点。

距离产生美。在家庭中,父母与孩子,特别是与处于青春期的孩子,应保持适当的距离。“朋友式”亲子关系会让彼此取得“雾里看花”的美感,进而建立“相看两不厌”的亲子关系。

5. 矛盾面前退一点。

当与孩子产生矛盾时,如果不是原则性问题,家长可以稍稍退让。如果是原则性问题,家长既要坚持原则不放松,又要懂得

“迂回战术”,以缓解矛盾。待孩子情绪稳定后再交流既可提高化解矛盾的成功率,又可避免极端事件的发生。

三、与孩子讲透“5 个话题”,让孩子少走弯路

1. 与异性同学交往,客气有距离。

对女孩主要进行性保护教育,尽力让孩子避免情伤害和性伤害。

对男孩主要进行性道德、性责任、性保护教育。防止男孩越界、出格,做出伤害女孩的事情;也要尽力让孩子避免情伤害和性伤害。

策略:家长要从科学、人性的角度,坦诚、客观地对孩子进行性教育。

2. 与网络携手,不沉迷。

引导孩子正确认识网络的作用:只有正确使用网络,才可以尽享网络的优质资源。

策略:让孩子在家长的监督之下使用网络。避免不良链接、网络游戏对孩子造成伤害。

3. 与父母温暖相处,不逆反。

从初一到高三的 6 年中,孩子在家除去做作业、睡觉的时间,与父母真正相处、倾心交流的时间并不多。所以,家长和孩子都要珍惜共处的时间。

策略:家人之间有话好好说。谁说得对,就照谁的办。如果行不通,家长也不要和孩子较劲,可采取“曲线救国”策略,通过老师来做孩子的工作。这样,就会避免冲突,减少孩子的逆反心理,使其少走弯路。

4. 与他人和谐交往，有温度。

孩子的发展道路多样，不见得最终都会成为名人，但家长一定要把孩子朝着包容、谦和、善解人意、有温度、有涵养的方向培养。只有这样，孩子才能拥有与别人愉快共处的能力。

策略：教育孩子说话、做事要懂得换位思考，明白互利才能共赢。

5. 学好功课，有责任。

初、高中6年是人生中重要的知识积累期，对未来的发展有非同一般的意义。这一时期，家长要引导孩子正确认识学习的重要性，认清每个人都要为自己的青春买单这一事实。

策略：关注孩子的学习过程，帮助孩子解决学习的困难。帮助孩子解决问题的过程就是帮助孩子建立信心的过程。

途径：如果孩子自律性、自学能力很强，可以放手让孩子自己学。如果孩子学习有困难，家长自己能帮最好。如果家长自己帮不了，一定要请教专业人士。

总之，家长只要有心、用心，就一定能帮助孩子顺利度过青春期。

（该文入选山东省家长学校课程资源库。）

巧借校、社资源，帮助孩子健康发展

孩子是家庭之人，更是社会之人。作为家长，怎样巧借校、社资源来培养自己的孩子呢？我是这么做的。

一、家校联动，引导成长

孩子从幼儿园开始，大部分时间待在学校，老师自然成为与孩子亲密接触的人。所以，我特别注重与老师合教之力，帮助孩子健康成长。

1. 巧树老师之威。

为了提高教师的影响力，只要谈到老师，我就特别注意树立老师的威信。孩子只有“亲其师”，才能“信其道”。

记得女儿刚入初一时，我们由第一次的测试成绩谈论到老师，有段对话至今记忆犹新。

妈妈：政治考得不错。

女儿：我们班政治考90分以上的有40多个人。

妈妈：那说明你们政治老师很厉害。

女儿：妈，你不知道我们政治老师多么“牛”！他说他每年发表很多篇文章，有一年的中考题被他猜中许多道，学生成绩非常好。他还说他很忙，我们谁想见他需要提前预约。

妈妈：不管怎么说，能够让学生喜欢学习就是老师的本事。（那一刻，我心里乐开了花，不只为老师的“牛”，更为老师的幽默。）

…………

女儿：俺数学老师特幽默。即使是在最容易犯困的时段上数学课，我也不会犯困。（数学老师是孩子的班主任，不仅课上得好，班级管理也很有一套。）妈，俺老师是实验中学的“名班主任”。

妈妈：听说你老师不仅是实验中学的“名班主任”，还是咱们市的“名班主任”呢。

女儿：哇，这么厉害！

妈妈：语文老师呢？

女儿：听别人说，她带上一级学生时，是她第一次当班主任。她所带的班级到毕业时，升学率在全市最高！

妈妈：也够“牛”的！

2. 巧借老师之口。

我始终认为老师的肯定和期待是孩子成长所需的重要营养，所以经常不断地与老师们联系。一是交流孩子生活、学习中的情况，有问题当即解决，有进步及时表扬；二是拜托他们多鼓励孩子；三是将自己的一些想法借老师之口转达给孩子。同样的话，可能家长说出来是“耳旁风”，老师说出来就是“圣旨”，影响力大不一样。

儿子上初二时，有一天放学回来与我闲聊。

儿子：今天老师找我了。

妈妈：什么事？

儿子:期中考试成绩。老师说我进步很大,希望我继续努力,争取下次考到班里前15名。

妈妈:说明在老师眼里你有这个潜力,别让老师失望啊。

此后我看到儿子比以前更加刻苦、努力,成绩提升很快。

3. 巧借老师之手。

为了提高老师在孩子心目中的分量,我常常在孩子有进步时,暗中与老师沟通好,悄悄买好礼物放到老师那儿,让老师以自己的名义奖励给儿子。这几年,老师以这样的方式奖励给儿子的礼物有笔记本、钢笔、书、足球……还有我拜托老师写给儿子的书信。

孩子对老师对他的"好"格外敏感。在"师恩重如山"的前提下,老师对他的一句话,甚至一个眼神,都会在他的心里泛起涟漪,激起浪花。这样自然也就提高了老师的亲和力和教育力,达到了家校共育的目的。

二、巧借活动,促进发展

"以活动促成长"是我教育孩子的不二法则。

1. 巧借校园活动。

从孩子上幼儿园起,只要有活动机会,我就积极鼓励、支持孩子报名参与。久而久之,参与活动成为孩子们的习惯。

女儿从小就喜欢表演,到大学时已经成为一个典型的"文艺小青年"。女儿多次出色地完成演出任务,既为学校赢得了荣誉,又证明了自己的实力。

儿子也是如此。实验小学是肥城市的龙头学校,民乐团又是实验小学的亮点,演出任务很重。儿子总是随叫随到,从没缺席过。

之所以鼓励孩子积极参加活动，是因为我笃信活动可以培养孩子的团队意识、集体荣誉感和责任心，可以帮助孩子克服胆怯、自卑心理，可以帮助孩子建立起强大的自信心，锻炼孩子的抗挫折能力。

2. 巧借社会活动。

巧借社会活动可以进一步拓展孩子的教育空间。

2014 年 8 月 25 日，在“肥城市 2014 年消夏广场文艺晚会”上，女儿、儿子都有演出任务，我和孩子他爸义不容辞地成了孩子的幕后工作人员，上演了一场“全家总动员”。

看着孩子在舞台上的表演，我突然觉得：每一个孩子都是天使，爸爸、妈妈的支持可以为他们插上飞翔的翅膀，而学校、社会开展的各种活动则是他们翱翔的万里长空。

3. 家长巧设活动。

我们家长自愿组成“家长团”，巧设活动，为孩子开辟出一片体验生活的新天地。

这些年，我们“家长团”带孩子去机械厂参观，到艺术中心做陶艺；去蛋糕房做蛋糕，到樱桃园摘樱桃；去农田刨地瓜、拔萝卜，到山上野餐、露宿；去食堂帮厨，到工厂打工……

在多元、立体、开放的大环境中，孩子们感受生活，认识社会，享受乐趣，增长才干。

三、巧借资源，增知长识

1. 巧借社会资源。

社会是一所没有围墙的大学，从自然到人文到科学，包罗万象。这些都是对孩子进行拓展教育的好资源。

这些年,我们带孩子北上北京,南下海南。去博物馆见证历史,去科技馆感受科技,去清华、北大校园参观,去登长城、爬泰山……这些看似玩乐,实质上每一段路都是经历,每一件事都是营养。我们在穿越中开阔胸襟,在行走中见识世界,在同行中享受亲情。

2. 巧借社团资源。

女儿、儿子在实验小学上学时,都是电视台的小记者。通过这个平台,孩子们走进电视台、农村、工厂、社区、敬老院……电视台为孩子们打开了一扇扇通往不同行业的大门。

2014 年 4 月 19 日,儿子在参加电视台小记者组织的“义卖义捐 献爱心”活动时,把自己喜欢的图书、玩具、学习用品鼓鼓囊囊地装了一大书包,在龙山中学操场上顶着寒风和小朋友们进行义卖,并将所得的钱和礼物大大方方地捐献出来,送给生活困难的小朋友。

当电视台的工作人员和小记者采访儿子时,他说:“希望山区的小朋友也能有书看。”语言无华,却道出了孩子质朴的心声。

2013—2015 年,我陪孩子多次参加“正道文化”学习。孩子从学员到义工到助教,一步步实现了由被动接受爱到主动奉献爱的转变。

孩子的成长经历证明:爱,需要引导,需要培养,更需要家庭、学校、社会为他们创建感受爱、学习爱、奉献爱的大环境。

2019 年 4 月 21 日

假期的色彩

马上就要放假了,您打算怎样为孩子安排？家长朋友,您想好了吗？

一、假期的色彩是享受自由玩耍的快乐

自由玩耍是人的天性。鲁迅曾说:“游戏是儿童最正常的行为,玩具是儿童的天使。”美国心理学家茱蒂·哈里斯研究指出:同伴间的影响力超出常人的想象。孩子们参与其中,就会利用在集体活动中出现的机会来发展自己的社会性能力。例如:他们通过修筑一座座“城堡”、营建一片片“军事领地”,来触动规划、设计愿景;通过为宠物狗、流浪猫建造一个个温暖的“家”,来体验最质朴的关爱;通过一起玩“警察抓小偷”“捉迷藏”等游戏,来感觉角色和规则的并存,发展对群体的需要和留在群体中的能力;通过观察一群群蚂蚁搬家、一只只金蝉脱壳,来探究大自然的曼妙……总之,他们在玩耍中发展心智、探究世界;在游戏中体验坚持、守规则;在团队中学习合作、分享;在愉悦中收获心灵的舒展、生命的绽放……

二、假期的色彩是享受自由阅读的宁静

乌申斯基说："书籍是人类思想的宝库。"歌德说："读一本好书，就是和许多高尚的人谈话。"对于儿童期的孩子来说，阅读不仅可以培养学习兴趣、增强语言的感知能力、提升写作能力、拓展知识面，还可以培养想象能力、丰富人生经验。更重要的是，阅读可以润泽孩子的心灵，丰富孩子的情感；让孩子的精神得以丰盈，生活充满阳光……我的儿子从小就是一个"小书虫"，他读的书很杂，既有我们认同的书籍，也有我们不太主张读的爆笑类、玄幻类书籍。每当看到儿子在阅读中自得其乐时，我就有一种甜蜜而温暖的感觉。我相信无功利的自由阅读一定能滋养孩子幼小的心灵，让他的内心日趋丰满强大。

三、假期的色彩是享受外出旅游的精彩

外面的世界很精彩。孩子们的成长不仅需要"读万卷书"，更需要"行万里路"。迈开双脚到名山大川中去领略自然、陶冶情操，到文化古迹中去探究历史、寻觅瑰宝。旅途中看到的自然现象、人文景观，都是开启孩子探索世界、认识并发展自我的好机会。哈佛大学校长德鲁·福斯特在一次演讲中用自己的亲身经历告诉人们："时至今日，我每年都会带孩子们去一个陌生的地方。对我来说，以学习的方式旅行已成为一种传统，意义在于成长。"她说："认识世界的方法有很多种。通过书籍、影像资料和别人聊天都能让我们了解世界，但没有哪一种比身临其境的体验更重要。"走过不同的地区、国家以后，孩子们能真正了解不同文化背景下的人与事，从而学会接纳与包容，逐渐完善自我的认知和应变能力。在我们家,每年寒、暑假安排的旅行是孩子们非常向往的事情。

四、假期的色彩是享受燃烧体能的快感

生命在于运动。在运动中,人们可以更好地完成新陈代谢,实现生命的健康成长。女孩练练瑜伽、舞蹈,男孩打打篮球、踢踢足球,都是不错的选择。在运动中,孩子们可以享受运动的快乐,学习团队合作、人际交往的技巧,磨炼自己的意志力。更重要的是,孩子掌握一项运动技能,将来在工作之余或者快乐、痛苦时,可以借助运动来宣泄情绪、调整身心、修正自我。儿子起初学习乒乓球,后来发现兴趣点是足球,转而学习足球。现在儿子已经进入初中,学习十分紧张。但是,每到周六、周日下午,学习之余他都要到体育场酣畅淋漓地踢场足球,用儿子的话说那叫一个痛快!

五、假期的色彩是享受艺术熏陶的曼妙

生活需要艺术。儿童期是孩子艺术才能启蒙和发展的重要时期。艺术教育可以提高孩子对自然美、生活美、艺术美的感知、鉴赏、评价、创造能力。利用假期让孩子接受一些艺术训练是十分必要的。女儿从5岁开始跟随文化宫的舞蹈老师学习民族舞,一直坚持到初中毕业,其间还学习了拉丁舞,高考结束后学习了街舞。学习舞蹈的同时,女儿从学电子琴到学钢琴,从学琵琶到学吉他,一路学来,成了一个典型的“文艺小青年”。进入大学后,她在学校团委、学生会的各项工作干得风生水起;各种演出、比赛,稳操胜券。作为家长,最欣慰的倒不是孩子各种成绩的获得,而是孩子生活得阳光、快乐,有愿景,有诗意。

六、假期的色彩是体验不一样的生活

生活是立体的，世界上并不是所有的孩子都有爸爸、妈妈疼，都是“一块宝”，也不是所有的孩子都四肢健全、身体康健，更不是所有的孩子都能吃得饱、穿得暖，还有一些特殊的群体过着不一样的生活。利用假期，家长可以自己或者委托专门的教育培训机构，带着孩子到贫困山区、儿童福利院、特教学校走一走、看一看。这种生活体验对孩子灵魂的触动不是任何口头的说教所能比拟的。这些年，我们带孩子去过很多次福利院。他们目睹了被亲人遗弃的孤儿，特别是被亲人遗弃的残疾儿、智障儿；跟随志愿者和孩子做“沙盘游戏”，成为他们的好朋友。我们也曾鼓励孩子报名成为“肥城市桃都志愿者”。现在，孩子们已不再需要我们的提醒，会自觉地去服务社会、服务他人。儿子在报名参加“正道少年”特训营时，主动与会务组的工作人员沟通，要求为活动服务，结果成为年龄最小的“义工”。次年参加复训时，他成了年龄最小的“助教”。看到这些，我们做家长的非常欣慰：前期的教育“结果”了！孩子不再是弱者，已有能力去帮助别人、服务社会，这就是生命的成长吧。

教育孩子是一项长期的系统工程，绝不是靠一个假期或者一个活动就能一蹴而就的。只有家长有心并且持之以恒，才能为孩子的成长助一臂之力。

总之，假期就是假期，我们要为孩子的假期涂上“假期”的色彩。

2017 年 11 月 22 日

（该文发表于 2018 年 1 月 24 日《教育文摘周报》。）

教师家长教育孩子的样板

对于教师来说，教育好自己的孩子无疑是一门不亚于教学的学问。有很多培养出大批优秀人才的教师在提起自己的孩子时，心中却充满了苦涩与无奈。《成长，最美的遇见》一书的作者把自己培育孩子的历程梳理出来供大家参考，这不仅是教师家长培养孩子的样板，而且是所有家长学习的样板。一位真正优秀的教师，不仅教育、教学工作做得响当当，而且在教育自己的孩子方面也要有独到的做法。

本书的看点有很多，我仅就几个方面谈点体会：

1. 自身定位：既做导师又做朋友。

教师家长很容易犯的错误就是把职业身份带回家。正确的做法是：回到家里，你不是孩子的老师，而是温柔、贤惠的妈妈或者开朗、爱玩的爸爸。只有让孩子感到有温情，才好沟通、交流。

透过本书我们可以看到：作者不仅是一位出色的老师，更是一位智慧的妈妈。她从不对孩子提过高的要求，而是拿出更多的时间和耐心来陪伴、引领，帮助孩子健康成长。在《为女儿的进步喝彩》《卸掉包袱才能轻松前行》《尝试翻译》中随处可见作者对孩子的引导和帮助;《幸福的模样》《我家有个小“无赖”》《女儿写给爸爸、妈妈的小情书》中处处洋溢着一家人的相亲相爱,这是取得良好家庭教育的重要前提。

2. 适度“粗养”:让孩子充满活力。

童年是人生的底色,更是情感的栖息地。让孩子的童年充满童心、童趣,才能让孩子拥有热爱生命的心,这是做父母的重要职责。从《让我们以男人的方式决斗吧》《粗养儿子》《走进黄土地》《走进运动》《走进旅途》中可以看出,生活在这个家庭的两个孩子,童年的生活真可谓是“万花筒”,色彩斑斓、奇趣横生、充满活力。范老师相信“粗养”的力量,相信在风雨中、阳光下“野蛮”成长的孩子会拥有更强劲的拥抱生活的力量。

3. 拓宽视野:培养孩子的独立人格。

为了给孩子拓展活动空间,范老师时常把目光投向学校和社会,利用各种机会让孩子走进不同行业,去了解社会万象,培养他们对社会的感知力。从《走进山东省科技馆》《走进泰安市气象局》《走进丰富多彩的活动》等篇章可以看出,这些活动既丰富了孩子的生活,又增加了孩子的阅历、拓宽了孩子的视野,同时锻炼了孩子的交往能力、润泽了孩子的情怀,对孩子的全面发展非常有利。

4. 从不包办:引导孩子认识自我。

《中国教育报》记者在四川部分学校发起问卷调查,结果显示:参与调查的75%的教师认为在教育自己子女方面比起其他行业并没有优势;54%的教师认为“教育不好自己的子女”,反而容易出现“灯下黑”。在现实生活中,教师教育不好自己子女的现象屡见不鲜。常听老师这样说:“对别人的孩子,我总是教得很好。对自己的孩子,我却束手无策。”

范老师在这点上有比较清醒的认识,从不自以为是地给孩子包办设计前程。她知道:不同的孩子潜质不同,家长只有尊重孩子的选择,放手让孩子去尝试,才可能让孩子得到更好的发展。《选了就不能半途而废》《尝试拍电影》《路在何方》等篇章,充分体现出家长对孩子的尊重和与信任。“我的人生我做主。”这一人生观需要家长从孩子小时候就加以培护。同时,范老师对女儿和儿子的教育方式是不一样的。对女儿的教育显得更加细致和用心。在《好女孩的标准》《盘点青春,避开疼》《需要守护的底线》中随处可见范老师对女儿的安全教育和底线教育。对儿子则是放手、粗养和责任教育。在《粗养儿子》《认真应成为做人、做事的准则》《正道归来好少年》《爱在心中　行在路上》中都可以看出她的独具匠心。

5. 立足现实:教好社会这本大书。

新课程改革强调“生活即教育”“教育即生活”的大教育观,强调充分利用现实生活中的教育资源,努力建构课内外联系、校内外沟通、学科间融合的开放而有活力的教育体系。这不仅要求学校将生活引进课堂,让课堂走向生活,把学习内容与生活实践结合起来,开放教材、开放课堂、开放作业、开放评价,也要求家长力争使生活成为活的教科书,使孩子在社会生活和实践活动中开阔视野、丰富知识、陶冶情操、增长才干。只有在家、校、社三体联动与密切配合的前提下,新的课程改革才能落地生根、开花结果。

难能可贵的是,范老师一直在践行这样的教育理念。她充分挖掘和利用一切可利用的优质学校资源和社会资源，鼓励孩子参与到丰富的社会实践中，自然打开了孩子生活的另一番天地，让假期的意义和价值倍增。白云山上识秋天、走进黄土地这些活动可以促进人的自然化，走进山东科技馆能够促进人的知识化，丰富多彩的活动可以很好地促进人的社会化。范老师真正践行了“生活处处皆教育”的家庭教育理念。

6. 角色转换：妈妈就是妈妈。

社会对教师的要求高，家长对孩子的期望高，而学生的思想又十分复杂。教师很容易把工作中的不愉快带回家，这对子女的成长非常不利。范老师懂得角色转换，回到家里只做妈妈。满满的亲情和暖暖的母爱蕴藏着无限的教育力量，这正是她的可贵之处。《为女儿的进步喝彩》《一枝独秀不是春》《人就应该活得像蝴蝶一样轻盈而美丽》《卸掉包袱才能轻松前行》中，处处闪现着她的循循善诱和教育智慧。

7. 合理期待：培养孩子的平常心。

“教育是门慢的艺术。”这句话是很有道理的。在当前这个崇尚快节奏的时代里，杞人忧天式的焦虑倒逼家长在追求教育的“速成”——拔苗助长，在客观上对孩子造成“伤根性”的危害，导致“欲速则不达”的后果。

范老师不仅以平常心对待孩子，还格外注意对孩子平常心的培养。她希望孩子拿得起、放得下，看得清、想得开，以宽容之心悦纳自己、悦纳他人。这对培养孩子的健康人格和处事姿态至关重要。《女儿落选时》《一枝独秀不是春》等都体现出范老师对孩子平常心以及包容、大度、心怀善意等情商的有意培养。

8. 态度平和:给孩子十二分的耐心。

做老师的,往往面对学生时有足够的耐心,百问不烦,为学生解决各种问题,因为这是教师的职责所在。但是,一旦回到家,面对自己孩子问的问题,他们往往会失去耐心,不能心平气和地和孩子进行交流。范老师在《子连母心》一文中将一位妈妈满满的爱与耐心描写得淋漓尽致。这和一般的教师形成了鲜明的对比。

高尔基曾说,爱孩子是连老母鸡都会做的事。爱孩子是动物的本能,而用足够的耐心长期守护孩子才是对家长的最大考验。以足够的耐心守护孩子健康成长,让孩子顺乎天性一点点长大,才是家长爱孩子的正确方式。

9. 榜样作用:身教胜过言传。

父母是孩子的第一任老师。父母自身的行为对孩子有着潜移默化的影响。家长的"做"是对孩子颇具穿透力的教育。《走近统帅母子》中记录的范老师对他人的帮助,是对孩子无言的润泽。正如范老师在《走进阅读》一文中写道:"更有趣的是,我们发现我们读的书,孩子也时不时地拿起来读。爸爸看《哈佛家训》,儿子也看《哈佛家训》;爸爸读周国平,儿子也读周国平。我看李镇西、魏书生、王维审的书,儿子也看李镇西、魏书生、王维审的书;我读毕淑敏、龙应台,儿子也读毕淑敏、龙应台。无形之中,儿子成了我们的影子,我们成了儿子的灯塔。我们真真切切地体会到'最好的家庭教育就是父母的言传身教'这句话的真谛。"

10. 从心开始:沟通孕育教育奇迹。

教师每天在学校要上课,要跟学生交流,说了太多太多的话,回到家有时什么话也不想说,这是普遍存在的问题。但妈妈与孩子，特别是妈妈与幼小的孩子说的那些看似无用的“废话”，实则对孩子心理的发育、安全感的建立以及性格的形成都有非常重要的作用。范老师懂得克服教师的职业弊端，积极发挥自身优势，在孩子高兴或者不高兴时，采取多种方式与孩子进行沟通，给予心理疏导与支持，对帮助孩子稳定情绪、化解困惑、走出烦恼大有裨益。在《佩服老师可以提高受教力》《卸掉包袱才能轻松前行》中，特别是她写给孩子的一封封书信，都充分体现出她的教育智慧。

美国明尼苏达大学营养学家兹泰妮研究发现：全家人一起吃晚餐有助于孩子获得较好的营养、较高的学业成绩，使其较少抽烟、喝酒、吸毒、打架，减少过早的性行为发生的概率。在教育孩子上，比专业能力更重要的是你对孩子成长的用心与尽力。真正的家庭教育不是有空时才教育，更不是生气时才想起教育，而是一以贯之的融生活细节中的润泽和化有效沟通之中的觉醒。

家长在理性的守护中用心陪伴孩子慢慢成长，终会等来教育奇迹的发生。

阚兆成

2019 年 11 月

（点评专家系《中国教育报》特约评论员、

山东省家庭教育专家指导委员会委员）

感恩有您

《成长，最美的遇见》正式出版，带给我的是一季沉甸甸的收获。所有的感动与感激最终凝聚成“感恩有您”4 个字！

我感恩于两个孩子。他们的到来让我从一个单薄的小女子升级成为一位母亲。这种角色的转换赋予我更多的人生意义和责任，促使我一点点成长起来。初稿整理出来后，他俩是最初的读者，各自滤去了不愿为人所知的话题。是啊，谁的成长不迂回？谁的内心没秘密？作为妈妈，我愿与他们共同守护那些小秘密。同时，他们还给我提了很多建议，我在后期的整理中一一采纳。他们于我，是成长的动力和亲密伙伴。

我感恩于临沂市兰山区教育体育局王维审老师。初识王老师是在 2016 年，学校邀请王老师来做讲座，我随班听课。王老师讲的内容对我触动很大，中间休息时我主动找到王老师，与他聊起了写作。当王老师知道我写的多是关于孩子成长的话题时，他建议我试着做一些梳理和整合。王老师的建议点亮了我的写作之路。之后，我加入了王老师组建的“叙事者”团队，跟随团队读书、写作、提交作业。记得有次提交完作业，王老师在出差的路途中看到后给我发来了消息。原话已记不清楚了，大意是说我写的文字很有韵味，并建议我朝着出版的方向写。几句话说得我百感交集，热泪盈眶。于是，我把博客中的文稿整理了一下，发给了王老师。说实话，当时所发的材料充其量是一堆素材，离成书还差着十万八千里。王老师看后，给我提出了宝贵的建议，并把自己出书的材料发给了我。于是，我就照着王老师出书的思路开始了漫长的整理过程。王老师于我，是难得的导师。

我感恩于威海市塔山小学王艳芳老师、肥城市教师进修学校严铁军校长和杨东云老师，还有首都师范大学在读研究生宿金金。他们牺牲了大量的休息时间通读本书初稿，从篇章布局到词语运用，从情节叙述到认知提升，都提出了非常宝贵的修改建议。他们于我，是可贵的恩人。

我感恩于上海社会科学院青少年研究所所长、上海家庭教育研究中心主任——杨雄教授。当我想把稿件发给杨教授请他提出修改意见时，他非常客气地答应了，并给予“蛮好，写得不错”之肯定。杨教授的鼓励给我增添了不少底气。杨教授于我，是釜底添薪的贵人。

我感恩于北京师范大学张志勇教授、杭州师范大学张华教授、山东省家庭教育专家指导委员会委员阚兆成老师。当我抱着试一试的心态怯怯地恳请他们为本书作序或点评时，他们竟欣然同意，这是我没敢奢望的。他们所彰显出的高贵品质和博大胸怀对我的教育和影响，已远远超越了作序和点评本身的价值。向他们学习,做他们那样的人,成为我的立身之本。他们于我,是人生的楷模。

我感恩于青岛出版社的领导和编辑老师。是他们给了我这次出书的机会,让那些零散的文字得以成册。他们于我,是有力的支持者。

“众人拾柴火焰高。”从本质上讲,这本书已经不是我个人的作品,已经成为以上所有参与者共同劳动和智慧的结晶。借此,我由衷地道一声:“感恩有您。知遇之恩,终生不忘!”

范慧凤

2019 年 11 月 18 日

“母亲教育的实践与探索”立项通知书

山东省教育学会

家庭教育专项课题立项通知书

范慧凤同志：

经专家评审，您申报的课题《母亲教育的实践与探索》被立项为山东省教育学会家庭教育专项重点课题（课题批准号：17JTJYZ0070）。

请根据制定的研究方案，科学、规范、有效地开展课题研究工作，取得预期成果。课题实行分级管理，课题的重要活动、变更和成果请及时报市级相关部门和山东省教育学会家庭教育专业委员会。各课题实施单位应为课题研究提供必要的人力、时间和经费支持，保障课题研究的顺利实施。

山东省教育学会

2018年01月01日

"母亲教育的实践与探索"结题证书

结题证书

由范慧凤主持，杨东云　赵兵　宿文传　杜桂英同志参与承担的山东省教育学会家庭教育专项课题"母亲教育的实践与探索"（项目编号：17JTJYZ0070 课题类别：重点课题），通过了山东省教育学会组织的专家鉴定，同意结题，特颁此证。

证书编号：2017Z0060

山东省教育学会

2019 年 7 月 2 日

图书在版编目(CIP)数据

成长,最美的遇见/范慧凤著. —青岛:青岛出版社,2019.11
ISBN 978-7-5552-8702-5

Ⅰ.①成… Ⅱ.①范… Ⅲ.①家庭教育—研究
Ⅳ.①G78

中国版本图书馆 CIP 数据核字(2019)第 256147 号

书　　名	**成长,最美的遇见**
作　　者	范慧凤
出版发行	青岛出版社(青岛市海尔路 182 号,266061)
本社网址	http://www.qdpub.com
责任编辑	李增彩
封面设计	张　晓
封面插图	赵　敏
照　　排	青岛新华出版照排有限公司
印　　刷	青岛国彩印刷股份有限公司
出版日期	2019 年 11 月第 1 版　2019 年 11 月第 1 次印刷
开　　本	32 开(890mm×1240mm)
印　　张	9
字　　数	200 千
书　　号	ISBN 978-7-5552-8702-5
定　　价	36.00 元

编校印装质量、盗版监督服务电话　4006532017　0532-68068638